중국교육부
中外语言交流合作中心

HNK
한중상용한자능력시험 공식교재

신나는 한자

8급

(사)한중문자교류협회 연구소 편저

HNK 한중상용한자능력시험 공식교재

사단법인 한중문자교류협회 연구소는
한자와 중국어 교육의 효율성과 실용성을 높이는
교수·학습법 및 평가 방법을 연찬하고 선도합니다.

연구소장 황미라
연구위원 김순금 김경숙 황덕은 여연임
         최유정 김순희 김종선 이정오

신나는 한자 8급

지은이 (사)한중문자교류협회 연구소
펴낸이 정규도
펴낸곳 (주)다락원

초판 1쇄 발행 2018년 4월 10일
초판 5쇄 발행 2025년 2월 25일

편집 이후춘, 한채윤
디자인 정현석

⒟다락원 경기도 파주시 문발로 211
내용 및 구입문의: (02)736-2031 내선 291~296
Fax: (02)732-2037
출판등록 1977년 9월 16일 제406-2008-000007호

Copyright© 2019, (사)한중문자교류협회 연구소

저자 및 출판사의 허락 없이 이 책의 일부 또는 전부를 무단 복제·전재·발췌할 수 없습니다. 구입 후 철회는 회사 내규에 부합하는 경우에 가능하므로 구입문의처에 문의하시기 바랍니다. 분실·파손 등에 따른 소비자 피해에 대해서는 공정거래위원회에서 고시한 소비자 분쟁 해결 기준에 따라 보상 가능합니다. 잘못된 책은 바꿔 드립니다.

ISBN 978-89-277-7100-5 13720

홈페이지 및 문의처
www.hnktest.com/www.hskhnk.com (02)837-9645

우리는 한자 공부를 왜 하는 것일까요?

우리는 한자 공부를 왜 하는 것일까요?

한자를 학습하는 것은
첫째, 우리말의 뜻을 제대로 알기 위함입니다.
한자를 제대로 학습하면 학년이 올라갈수록 어려워지는 학습 용어를 쉽게 이해할 수 있게 되므로 공부에 흥미가 더해질 것입니다.

둘째, 중국어 학습의 기본을 다지기 위함입니다.
한글을 받아쓰고, 영어의 알파벳을 익혔듯, 한자를 익히는 것도 중국어를 공부하는 데 있어 기본적으로 필요한 과정입니다. 그런데 중국에서는 우리나라에서 쓰는 한자와는 다른 낯선 글자인 간체자를 씁니다. 따라서 한국 한자는 물론 간체자를 익히는 것도 중요합니다.

여러분!
지금부터
한자 공부 제대로 해서
학교 성적도 올리고
중국어 공부의 기초도 다지고
중국에서 공인한 한자 시험인 '한자능력고시(汉字能力考试)'에 도전해 봅시다!

〈이 책을 통해〉

하나, 각 급별 한중상용한자의 훈과 음을 밝히고, 번체자와 간체자까지 함께 익힐 수 있습니다.

둘, 단계별 학업 성취를 느끼며 반복 학습할 수 있습니다.

셋, 한자의 기본 실력뿐 아니라 중국어 어휘의 기초를 다질 수 있습니다.

넷, 다양한 예문을 통해 한국사·과학·사회 등 교과 학습 용어 이해를 높일 수 있습니다.

다섯, 예상 문제를 통해 국제공인 한자자격증을 취득할 수 있습니다.

사단법인 한중문자교류협회 연구소

이런 내용이 들어있어요!

한자 공부는 왜 하는 것일까요?　_3
이렇게 구성되어 있어요　_6
HNK 국제공인 한자능력시험이란?　_8
HNK 시험 안내　_10

| 한자 터잡기 | 12 |

| UNIT 1 | 15 | UNIT 2 | 21 | UNIT 3 | 27 |
| UNIT 4 | 33 | UNIT 5 | 39 | | |

교과서 한자어 참뜻 알기	45
사자성어 • 반의자 알기	46
간체자 알기	47

한자 다지기 48

| UNIT 2 | 50 | UNIT 3 | 52 |
| UNIT 4 | 55 | UNIT 5 | 58 |

| 사자성어 • 반의자 익히기 | 61 |
| 정답 | 62 |

예상문제 64

예상문제 1회	66	예상문제 2회	68	예상문제 3회	70
예상문제 4회	72	예상문제 5회	74	예상문제 6회	76
예상문제 7회	78	예상문제 8회	80	예상문제 9회	82
예상문제 10회	84				

| 정답 | 86 |
| 8급 배정한자 모아보기 | 88 |

이렇게 구성되어 있어요!

한자의 재미가 팡팡!
여러 가지 놀이를 통해 과에서 배울 한자를 미리 보고, 그 쓰임을 이해해 보세요.

한자 기초를 꼼꼼하게!
한자의 뜻과 음, 획순 등 한자에 대한 기초 정보가 다 수록되어 있어 한자의 기초를 꼼꼼하게 다질 수 있어요. 여기에 한자의 옛모양도 살펴 보면서, 한자에 대한 재미를 느껴 보세요. 무엇보다 교과서 한자어와 활용 예문까지 실려 있어 한자를 통해 국어 어휘력을 높일 수 있습니다.

중국어 기초도 한번에!
한자를 익히면서 중국어 간체자 모양과 발음까지 한번에 배울 수 있어, 중국어 학습의 기초를 쉽고 빠르게 다질 수 있습니다.

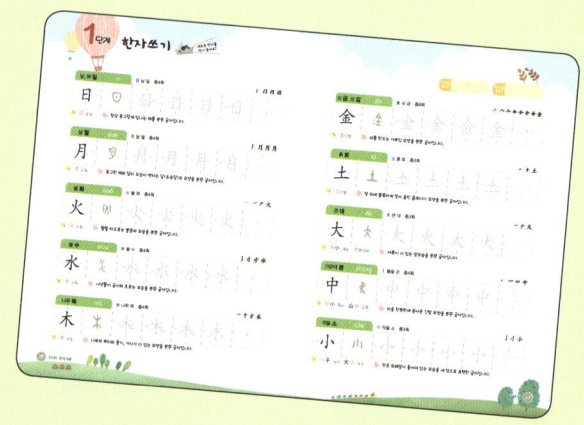

우리말 어휘력도 쑥쑥!
교과서 속 한자어의 참뜻을 익혀서 학과 공부도 쉽고 재미있게 할 수 있어요. 여기에 사자성어와 유의어, 반의어까지 익히면 우리말 실력도 쑥쑥 자랍니다.

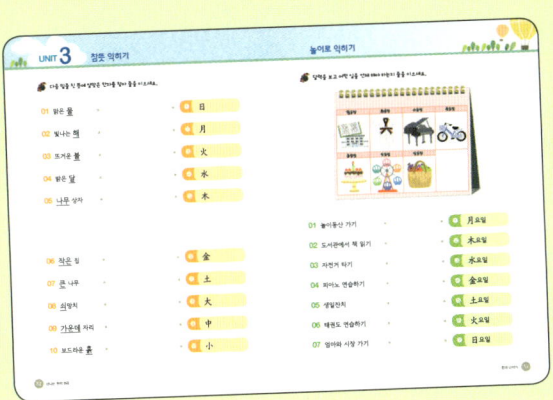

한자 실력을 단단하게!

뜻과 음은 기본, 구성되는 한자어의 참뜻과 예문에서의 활용까지 확인할 수 있어요. 다양한 문제를 통해 한자 실력을 한층 더 단단하게 다질 수 있습니다.

국제공인 한자자격증도 거뜬하게!

HNK 한중상용한자능력시험 예상문제를 풀어보세요. 다양한 예상문제를 통해 국제공인 한자자격증을 쉽게 취득할 수 있습니다.

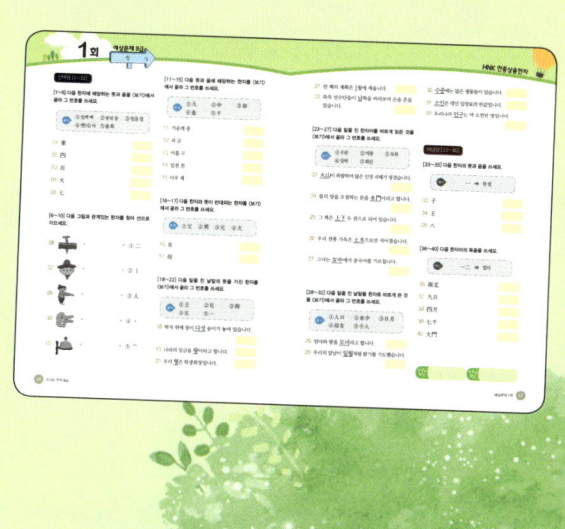

HNK Hànzì nénglì kǎoshì 汉字能力考试이란?

중국 교육부 중외언어교류합작중심(中外语言交流合作中心)에서 공인한 글로벌 한자능력시험입니다.

1. HNK의 특징

한자의 이해와 활용도가 높은 한자 시험

- 교과서에 나오는 주요 개념과 용어를 정확하게 이해하고 활용하게 합니다.
  따라서 표현력과 사고력, 논리력은 물론 학과 성적도 쑥쑥 올라가게 합니다.

중국어 공부가 훨씬 쉬워지는 한자 시험

- 간체자 동시 학습으로 중국어 능력을 향상시킵니다.
  중국 상품 설명서나 중국어 어휘와 문장의 뜻을 해독할 수 있는 능력이 길러집니다.

2. HNK의 혜택

성적 우수자 및 지도 교사 중국 국비 장학 연수

- 혜택 : 중국內 체류 비용 지원 (학비, 기숙사비, 문화 탐방비 등)
- 기간 : 하계/동계 방학 중 1주 이내
- 장소 : 북경어언대학, 하문대학, 남개대학, 귀주대학 外
- 대상 : 초등학생~성인

3. HNK의 활용

한국 소재 대학(원) 및 특목고 입학 자료

중국 정부장학생 선발 기준

공자아카데미 장학생 선발 기준

중국 대학(원) 입학 시 추천 자료

각급 업체 및 기관의 채용·승진 평가 자료

4. HNK 자격증 견본

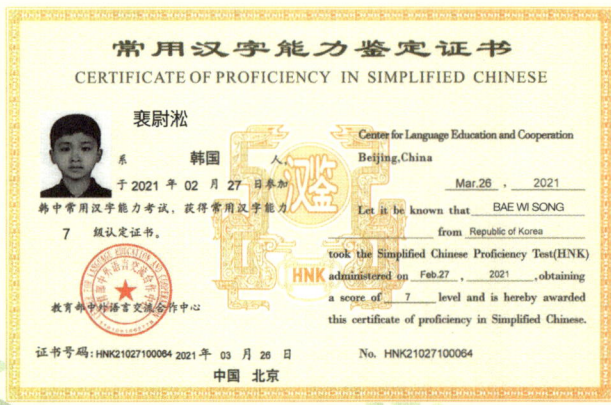
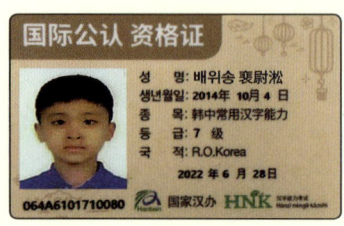

나라마다 모양이 다른 한자 **번체자와 간체자**

한 가지의 일로 두 가지의 이익을 보는 것을 '일거양득'이라고 합니다.
일거양득을 한자로 쓸 때,

한국에서는 **一擧兩得** (일 거 양 득), 중국에서는 **一举两得** 으로 쓰지요.

이처럼 한자에는 같은 뜻을 나타내지만 나라마다 모양이 조금씩 다른 것이 있어요.

지금, 중국에서는 옛날부터 사용해온 복잡하고 번거로운 한자인 번체자를 대신하여 글자의 획을 간단하게 줄여서 쓴 간체자를 사용하고 있답니다.
우리도 이제, 한자를 공부할 때 이렇게 모양이 다른 간체자까지 함께 배우면 어렵고 멀게만 느껴지던 중국어가 쉬워지겠지요.
이것이 바로, 도랑 치고 가재 잡고, 일석이조, 일거양득이지요.
그럼, 번체자와 간체자가 어떻게 다른지 살펴볼까요?

	한(하나) 일	들(들다) 거	두(둘) 량	얻을(얻다) 득
한국식 한자 (번체자)	一	擧	兩	得
중국식 한자 (간체자)	一	举	两	得
일본식 한자 (약자)	一	挙	両	得

HNK 한중상용한자능력시험 안내

한중상용한자는 간체자를 포함한 한국과 중국에서 일상적으로 사용하는 한자를 뜻하며, 세계 표준 한자의 이해를 지향하는 학습 용어입니다.

1. 검정과목

- 8급에서 1급까지 총 11개 급수, 본회 선정 급수별 한중상용한자에 대한 능력검정시험입니다.

2. 배정한자 수 및 응시료

급수	8급	7급	6급	5Ⅱ급	5급	4Ⅱ급	4급	3Ⅱ급	3급	2급	1급
배정한자	50 (2)	100 (6)	200 (30)	300 (57)	450 (105)	650 (197)	850 (272)	1,050 (353)	1,870 (738)	2,670 (1,000)	3,800 (1,428)
응시료	25,000원								35,000원	45,000원	55,000원

※ 배정한자의 ( )는 간체자 수를 표기한 것임.
※ 상위 등급 배정한자는 하위 등급 선정한자를 모두 포함함.

3. 출제문항 수 및 합격기준

급수	8급	7급	6급	5Ⅱ급	5급	4Ⅱ급	4급	3Ⅱ급	3급	2급	1급
출제문항 수	40	50	80	100	100	100	100	100	150	150	180
합격문항 수	28	35	56	70					105		144
시험시간(분)	40(분)			60(분)					90(분)		100(분)

4. 출제유형

출제영역 \ 급수(문항수)	8급 (40)	7급 (50)	6급 (80)	5Ⅱ급 (100)	5급 (100)	4Ⅱ급 (100)	4급 (100)	3Ⅱ급 (100)	3급 (150)	2급 (150)	1급 (180)
1. 한중상용한자 훈과 음	13	15	20	30	30	30	30	30	30	30	20
2. 한중상용한자어 독음	15	20	20	30	30	30	30	30	35	35	25
3. 한중상용한자(어)의 뜻풀이	5	8	9	9	9	9	9	9	15	15	15
4. 반의자(어)	2	2	3	3	3	3	3	3	5	5	5
5. 유의자(어)			3	3	3	3	3	3	5	5	5
6. 한자성어(고사성어)			3	3	3	3	3	3	5	5	5
7. 훈과 음에 맞는 간체자·번체자			5	5	5	5	5	5			
8. 부수			2	2	2	2	2	2			
9. 번체자를 간체자로 바꿔 쓰기			5	5	5	5	5	5	15	15	20
10. 간체자를 번체자로 바꿔 쓰기			5	5	5	5	5	5	15	15	20
11. 한중상용한자(어) 쓰기			5	5	5	5	5	5	10	10	40
12. 그림보고 한자 유추하기	5	5									
13. 한자어 같은 뜻, 다른 표현 (동음이의어, 이음동의어)									10	10	10
14. 국제시사용어/외래어 표현									5	5	10
15. 한중상용한자어 활용											5

※ 한중상용한자 쓰기는 급수별 배정한자를 반영, 6급부터 다루고 있습니다.
※ 4급 배정한자에는 한·중·일 공용한자(808자)가 모두 포함되어 있습니다.
※ HNK는 '한자능력시험'이므로 중국어 발음은 출제 범위에 포함되지 않습니다.

5. 응시원서 접수 방법

- **인터넷 접수:** 홈페이지 www.hnktest.com 접속 ➡ 회원 가입(로그인) ➡ 회차 선택 ➡ 급수 선택
  개인정보 입력 및 사진 업로드 ➡ 고사장 선택 ➡ 응시료 결제 및 수험표 출력
- **방 문 접 수:** 각 지역본부 및 지사, 접수처 (증명사진 2매, 응시생 인적사항, 응시료 준비)
  응시원서는 홈페이지에서 다운로드 가능하며, 접수처에서 배부합니다.

사진규격 및 규정

- 인터넷 접수 시 jpg파일만 가능
  파일 크기- 50KB 이상 100KB 이하(100KB를 초과할 경우 업로드가 안됨)
  jpg파일 사이즈- 3×4cm(177×236픽셀)/스캔해상도 : 150dpi
- 사진은 최근 6개월 이내 촬영한 정면 증명사진으로 접수
- 일반 스냅 사진, 핸드폰 및 디지털 카메라로 찍은 셀프 사진, 측면 사진, 배경이 있는 사진,
  모자 착용 및 규격 사이즈 미달 사진은 불가

시험 당일 준비사항

- 수험표, 신분증(주민등록증, 청소년증, 학생증, 여권 중 택1)
- 필기도구 – 검정 펜, 수정 테이프, 2B 연필, 지우개 등

응시자가 지켜야 할 사항

- 시험 시작 10분 전까지 입실해야 합니다.
- 시험 중간 휴식 시간은 없으며, 시험 중 퇴실할 수 없습니다.
  만일 특별한 사유로 중도 퇴실을 원할 경우, 반드시 감독관의 동의를 얻어야 합니다.
- 시험 규정과 고사장 수칙을 반드시 준수해야 하며, 위반 시 부정행위 처리, 자격 제한 등의 불이익을 받을 수 있습니다.
- 시험과 무관한 물건은 시험 시 휴대할 수 없습니다. 휴대폰, 전자사전 등은 전원을 끄고 배터리를 분리하여 지정된
  장소에 옮겨 놓습니다. 만일 시험과 무관한 물품을 소지하여 발각될 경우 즉시 부정행위자로 처리됩니다.

합격 조회

- 시험일로부터 1개월 후 www.hnktest.com에서 조회 가능합니다.
- 문의 : (02) 837-9645

HNK 8급
汉字能力考试

한자 기초를 꼼꼼하게!

한자 터잡기

UNIT 1 ~ UNIT 5

교과서 한자어 참뜻 알기

사자성어·반의자 알기

간체자 알기

다음 카드에서 한자를 골라 동그라미 해 봅시다.

길	Dog	汉	Hi
中	산	Go	해
字	韓	강	Cat

한자는 한글이나 영어처럼
아주 쉽고 또 재미있어요.
재미있는 한자 나라로 출발!

UNIT 1

월 일

그림 속 숨어 있는 한자를 찾아 동그라미 해 봅시다.

丶 亅 乙 丿 乀
丨 二 儿 凵 冖

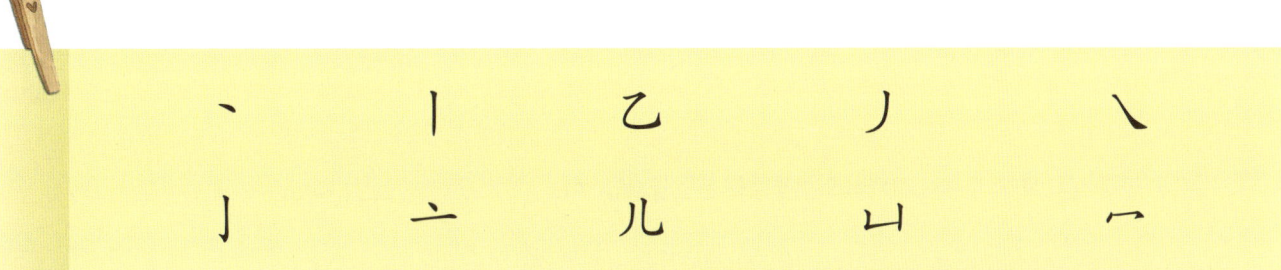

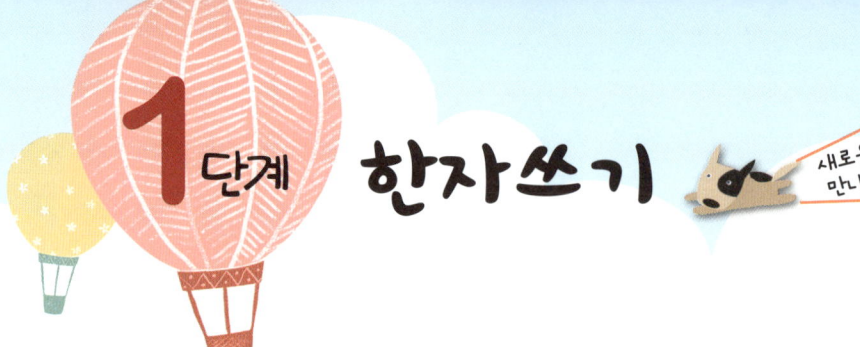

1단계 한자쓰기

점 주 총1획

🦋 등잔의 불꽃 심지 모양, 불에서 튀어 나오는 불똥을 본뜬 글자입니다.

뚫을 곤 총1획

🦋 위에서 아래로 뚫는 모습에서 '꿰뚫다'라는 뜻으로 쓰입니다.

새(새싹), 굽을 을 총1획

🦋 새싹이 새의 모습처럼 구부러져 올라오는 모양을 본뜬 글자입니다.

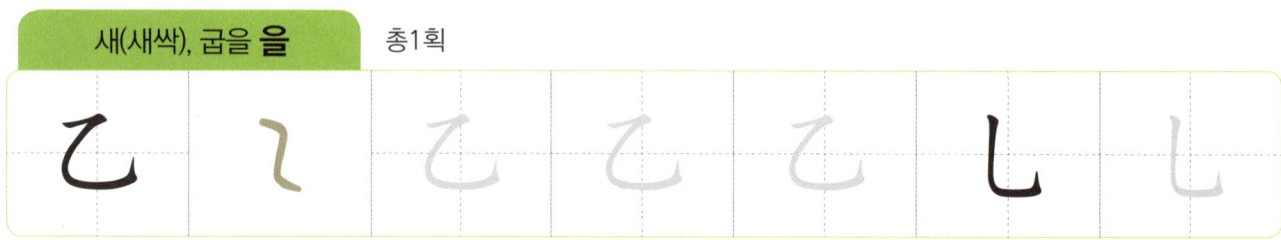

삐침 별 총1획

🦋 오른쪽 위에서 아래로 삐친 모양입니다.

파임 불 총1획

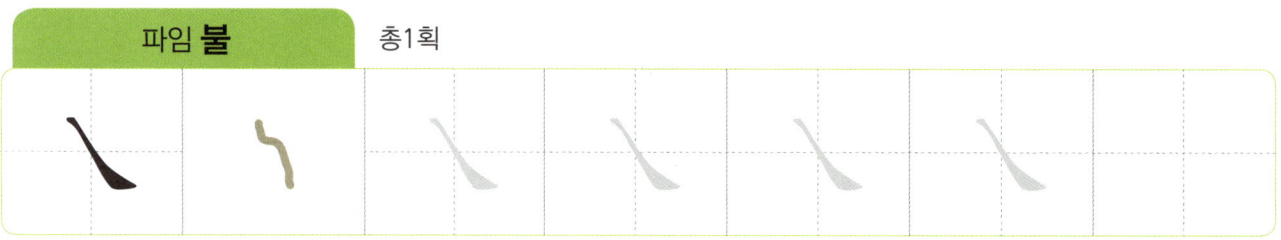

🦋 왼쪽 위에서 아래로 삐친 모양입니다.

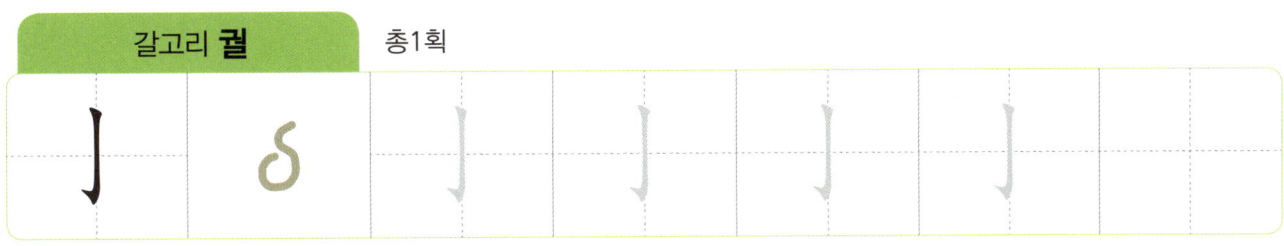

갈고리 궐 — 총1획

낚시 바늘 모양에서 '갈고리'의 뜻으로 쓰입니다.

머리 부분 두 — 총2획

주로 글자의 윗부분에 쓰이며 특별한 뜻은 없습니다.

걷는 사람 인 — 총2획

원래 사람의 옆모습을 그린 글자가 변형된 모습입니다.

입 벌릴 감 — 총2획

반지하식으로 파서 만든 움집이나 구덩이의 모습을 본뜬 글자입니다.

덮을 멱 — 총2획

천으로 무엇을 가려 놓은 모양을 본뜬 글자입니다.

UNIT 1 17

2단계 낭송하기

🌿 한자의 뜻과 음을 소리 내어 읽어 보세요.

🌿 한자의 뜻과 음을 소리 내어 읽어 보세요.

3단계 확인하기

배운 한자를 확인해 볼까요?

한자의 뜻과 음을 찾아 동그라미 해 보세요.

예						
나라	집	대문	國	문	국	가
점	별	잠	물	丶	주 조	자 멱
치다	갈고리	뚫다	묶다	丨	곤 군	간 건
개모양	풀	새	별	乙	알 올	을 얼
삐치다	파다	치우다	새	丿	발 벌	별 을
파임	삐침	뚫다	새	丶	불 을	별 구
파임	삐침	갈고리	새	亅	불 을	별 궐
삐침	걷다	서다	머리	亠	불 을	두 궐
걷다	오다	서다	뛰다	儿	인 언	안 곤
손 벌리다	상자	입 벌리다	웃다	凵	검 곰	감 인
막다	집	덮다	지붕	冖	막 멱	먹 감

4단계 기억하기

 배운 한자를 기억해 볼까요?

🜚 한자에 맞는 뜻과 음을 찾아 줄을 이어 보세요.

1	、		①	점 주
2	ㅣ		②	삐침 별
3	乙(乚)		③	새 을
4	ノ		④	뚫을 곤
5	㇏		⑤	파임 불

🜚 뜻과 음에 알맞은 한자를 찾아 줄을 이어 보세요.

1	갈고리 궐		①	亠
2	머리 두		②	亅
3	걷는 사람 인		③	凵
4	입 벌릴 감		④	冖
5	덮을 멱		⑤	儿

UNIT 2

그림 속 옛 한자를 보고 어떤 뜻인지 생각해 봅시다.

월   일

| 一 | 二 | 三 | 四 | 五 |
| 六 | 七 | 八 | 九 | 十 |

1단계 한자쓰기

새로운 한자를 만나 볼까요?

한(하나) 일   yī   一 한 일   총1획   一

一

🦋 一月 일월   一日 일일   🌸 '一'은 '하나'라는 의미를 나타내기 위해 먼 옛날부터 사용해온 글자입니다.

두(둘) 이   èr   二 두 이   총2획   二 二

二

🦋 二月 이월   二日 이   🌸 '二'는 작대기 둘을 그어 놓은 모습을 본뜬 글자입니다.

석(셋) 삼   sān   一 한 일   총3획   三 三 三

三

🦋 三月 삼월   三日 삼일   🌸 '三'은 작대기 셋을 그어 놓은 모습을 본뜬 글자입니다.

넉(넷) 사   sì   口 에울 위   총5획   四 四 四 四 四

四

🦋 四月 사월   四日   🌸 원래는 작대기 넷을 그어 나타내다가, '三'과 헷갈리는 일이 많아 '四'라는 다른 글자를 빌어와 쓴 글자입니다.

다섯 오   wǔ   二 두 이   총4획   五 五 五 五

五

🦋 三三五五 삼삼오오   🌸 원래는 작대기 넷을 긋고 그 위에 엇갈려 작대기를 그어 '다섯'을 표현했었습니다. 후에 작대기 둘을 엇갈려 그었던 기호를 본뜬 글자입니다.

 신나는 한자 8급

| 선생님 확인 | 부모님 확인 |

여섯 **륙** liù
八 여덟 팔 총4획

六 六 六 六

六

🦋 六十 육십   六日 육일
🌸 원래는 '오두막'이란 뜻을 나타내는 글자였지만, '여섯'을 기록할 때도 빌려 쓴데서 비롯했습니다.

일곱 **칠** qī
一 한 일 총2획

七 七

七

🦋 七月 칠월   七日 칠일
🌸 긴 작대기를 세로로 놓고 그 위에 짧은 작대기를 놓아 '일곱'을 표현하던 기호를 본뜬 글자입니다.

여덟 **팔** bā
八 여덟 팔 총2획

八 八

八

🦋 八月 팔월   八日 팔일
🌸 네 손가락을 가지런히 하여 양쪽으로 벌린 모습을 본뜬 글자입니다.

아홉 **구** jiǔ
乙 새 을 총2획

九 九

九

🦋 九月 구월   九日 구일
🌸 다섯 손가락을 위로 하고, 네 손가락을 가지런히 옆으로 포갠 모습을 본뜬 글자입니다.

열 **십** shí
十 열 십 총2획

十 十

十

🦋 十中八九 십중팔구
🌸 노끈에 매듭을 지어 '열'을 표현하던 기호를 본뜬 글자입니다.

UNIT 2 23

2단계 낭송하기

한자의 뜻과 음을 소리 내어 읽어 보세요.

十 八 六 丶 乙 五 三 九 七 丿 儿 丨 一 四 ㄴ

한자의 뜻과 음을 소리 내어 읽어 보세요.

아홉 九 일곱 七 셋 三 삐침 丿

뚫을 丨 여섯 六 새,굽을 乙 여덟 八

두 二 열 十 입벌릴 ㄴ

다섯 五 덮을 冖 넷 四 한 一

3단계 확인하기

한자의 뜻과 음을 찾아 동그라미 해 보세요.

예) (나라) 집 대문 | 國 | 문 (국) 가

아홉 일곱 여섯 다섯	九	구 삼 사 오
넷 셋 다서 둘	二	삼 사 오 이
아홉 일곱 여섯 다섯	六	삼 육 사 오
넷 여덟 일곱 셋	四	삼 사 오 칠
아홉 일곱 여섯 다섯	五	삼 사 오 육
아홉 셋 넷 다섯	三	삼 사 오 육
셋 다섯 일곱 여덟	七	삼 사 오 칠
여덟 일곱 여섯 다섯	八	칠 팔 구 삼
아홉 하나 둘 다섯	一	삼 일 오 사
열 둘 아홉 여덟	十	십 오 구 팔

4단계 기억하기

한자에 맞는 뜻과 음을 찾아 줄을 이어 보세요.

1 一	•	•	① 넉(넷) 사
2 二	•	•	② 두 이
3 三	•	•	③ 다섯 오
4 四	•	•	④ 석(셋) 삼
5 五	•	•	⑤ 한 일

뜻과 음에 알맞은 한자를 찾아 줄을 이어 보세요.

1 여섯 륙	•	•	① 十
2 일곱 칠	•	•	② 七
3 여덟 팔	•	•	③ 六
4 아홉 구	•	•	④ 九
5 열 십	•	•	⑤ 八

UNIT 3

월   일

그림 속 옛 한자를 보고 어떤 뜻인지 생각해 봅시다.

日　月　火　水　木
金　土　大　中　小

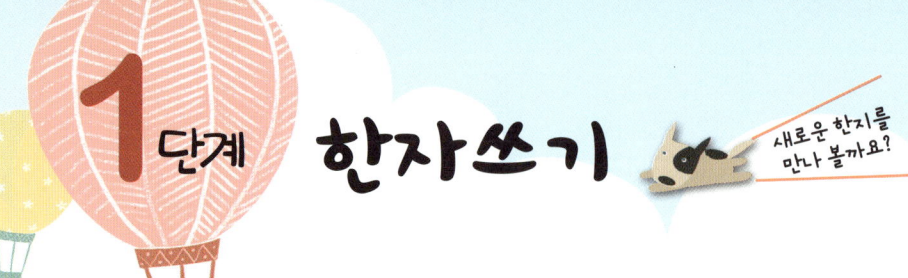

1단계 한자쓰기

| 날,해 **일** | rì | 日 날 일 총4획 | | | | 日 日 日 日 |

🦋 日 요일   🌸 항상 동그랗게 빛나는 해를 본뜬 글자입니다.

| 달 **월** | yuè | 月 달 월 총4획 | | | | 月 月 月 月 |

🦋 月 요일   🌸 동그란 해와 달리 모습이 변하는 달(초승달)의 모양을 본뜬 글자입니다.

| 불 **화** | huǒ | 火 불 화 총4획 | | | | 火 火 火 火 |

🦋 火 요일   🌸 활활 타오르는 불꽃의 모습을 본뜬 글자입니다.

| 물 **수** | shuǐ | 水 물 수 총4획 | | | | 水 水 水 水 |

🦋 水 요일   🌸 시냇물이 굽이쳐 흐르는 모습을 본뜬 글자입니다.

| 나무 **목** | mù | 木 나무 목 총4획 | | | | 木 木 木 木 |

🦋 木 요일   🌸 나무의 뿌리와 줄기, 가지가 다 있는 모양을 본뜬 글자입니다.

28 신나는 한자 8급

쇠 금, 성 김 — jīn
金 쇠금 총8획
金金金金全全金金

金

- 金요일
- 쇠를 만드는 거푸집 모양을 본뜬 글자입니다.

흙 토 — tǔ
土 흙토 총3획
土 土 土

土

- 土요일
- 땅 위에 볼록하게 쌓아 올린 흙무더기 모양을 본뜬 글자입니다.

큰 대 — dà
大 큰대 총3획
大 大 大

大

- 大小 대소   大한민국
- 어른이 서 있는 앞모습을 본뜬 글자입니다.

가운데 중 — zhōng
丨 뚫을 곤 총4획
中 中 中 中

中

- 中小 중소   山中 산중
- 마을 한복판에 꽂아 둔 깃발 모양을 본뜬 글자입니다.

작을 소 — xiǎo
小 작을소 총3획
小 小 小

小

- 小子 소자   大小 대소
- 작은 모래알이 흩어져 있는 모습을 세 점으로 표현한 글자입니다.

2단계 낭송하기

배운 한자를 읽어 볼까요?

🐉 한자의 뜻과 음을 소리 내어 읽어 보세요.

日　月　小　木　金
中　土　木　金　大
火　　金　日
水　土　火　小

🐉 한자의 뜻과 음을 소리 내어 읽어 보세요.

날 日　쇠 金　큰 大　나무 木

달 月　흙 土　가운데 中　작을 小

불 火　물 水　큰 大

3단계 확인하기

 배운 한자를 확인해 볼까요?

한자의 뜻과 음을 찾아 동그라미 해 보세요.

예

나라	집	대문	國	문	국	가
달	해	불	나무	日	월 일 화 수
나무	불	달	해	月	월 일 화 수
불	물	나무	흙	火	월 일 화 수
불	물	나무	흙	水	목 일 화 수
불	물	나무	쇠	木	목 일 금 수
성	물	나무	쇠	金	목 토 금 수
불	물	나무	흙	土	목 토 금 수
크다	작다	가운데	흙	大	소 중 대 태
크다	작다	가운데	흙	中	소 중 대 태
크다	작다	적다	흙	小	소 중 대 태

UNIT 3

4단계 기억하기

배운 한자를 기억해 볼까요?

🌱 한자에 맞는 뜻과 음을 찾아 줄을 이어 보세요.

1 日	•	•	1 불 화
2 月	•	•	2 달 월
3 火	•	•	3 날 일
4 水	•	•	4 나무 목
5 木	•	•	5 물 수

🌱 뜻과 음에 알맞은 한자를 찾아 줄을 이어 보세요.

1 쇠 금	•	•	1 大
2 흙 토	•	•	2 土
3 큰 대	•	•	3 中
4 가운데 중	•	•	4 金
5 작을 소	•	•	5 小

32 신나는 한자 8급

UNIT 4

그림 속 옛 한자를 보고 어떤 뜻인지 생각해 봅시다.

월   일

東(东)   西   南   北   上
下   山   門(门)   百   千

1단계 한자쓰기

동녘 **동**	dōng	木 나무 목 총8획

東 東 東 東 東 東 東 東
东 东 东 东 东

- 東大門 동대문   中東 중동
- 동대문 시장에서 옷을 샀다.

서녘 **서**	xī	襾 덮을 아 총6획

西 西 西 西 西 西

- 東西 동서   南西 남서
- 서산에 해가 진다.

남녘 **남**	nán	十 열 십 총9획

南 南 南 南 南 南 南 南 南

- 南大門 남대문   南北 남북
- 남풍이 불어오자 제비가 돌아왔다.

북녘 **북**	běi	匕 비수 비 총5획

北 北 北 北 北

- 北上 북상   東北 동북
- 북극에도 봄이 찾아왔다.

위 **상**	shàng	一 한 일 총3획

上 上 上

- 上下 상하   上王 상왕
- 임금님은 상왕을 위해 연회를 열었다.

| 선생님 확인 | 부모님 확인 |

| 아래 **하** | xià | 一 한 일 총3획 | 下 下 下 |

下 　下　　下　　下　　下　　下

🦋 下山 하산   下女 하녀   🌸 하인이 짐을 들고 뒤따라왔다.

| 산(메, 뫼) **산** | shān | 山 산 산 총3획 | 山 山 山 |

山　山　　山　　山　　山　　山

🦋 山中 산중   南山 남산   🌸 해가 지기 전에 하산해야 한다.

| 문 **문** | mén | 門 문 문 총8획 | 門門門門門門門 門門門 |

門　門　　門　　門　　門　　門

🦋 大門 대문   水門 수문   🌸 아침마다 대문을 열고 마당을 쓴다.

| 일백(100) **백** | bǎi | 白 흰 백 총6획 | 百百百百百百 |

百　百　　百　　百　　百

🦋 二百 이백   九百 구백   🌸 쏜 화살마다 백발백중이었다.

| 일천(1,000) **천** | qiān | 十 열 십 총3획 | 千 千 千 |

千　千　　千　　千　　千

🦋 千金 천금   五千 오천   🌸 천금같이 귀한 내 아이.

UNIT 4 35

2단계 낭송하기

🪰 한자의 뜻과 음을 소리 내어 읽어 보세요.

東　北　門　西　百
下　上　东　上　百　南
千　西　千
北　人

🪰 한자의 뜻과 음을 소리 내어 읽어 보세요.

동녘 東　서녘 西　남녘 南　북녘 北

위 上　아래 下　산(뫼) 山　문 門

문 門　북녘 北　일백 百　아래 下

일천 千　산 山　위 上

3단계 확인하기

배운 한자를 확인해 볼까요?

한자의 뜻과 음을 찾아 동그라미 해 보세요.

예

(나라)	집	대문	國	문	(국)	가

서쪽	남쪽	동쪽	북쪽	東	동	서	남	북
북쪽	남쪽	동쪽	서쪽	北	동	서	북	남
북쪽	동쪽	남쪽	서쪽	南	동	남	서	상
넷	서쪽	북쪽	동쪽	西	동	서	북	남
오다	위	흙	아래	上	상	중	하	오
산	위	가운데	아래	下	상	하	아	산
산	위	나가다	시내	山	산	천	백	출
일백	문	열다	강	門	문	모	이	백
일만	희다	일백	일천	百	십	백	천	만
일십	희다	일백	일천	千	십	백	천	만

UNIT 4

4단계 기억하기

배운 한자를 기억해 볼까요?

🪰 한자에 맞는 뜻과 음을 찾아 줄을 이어 보세요.

1 東(东)	1 위 **상**
2 西	2 동녘 **동**
3 南	3 북녘 **북**
4 北	4 남녘 **남**
5 上	5 서녘 **서**

🪰 뜻과 음에 알맞은 한자를 찾아 줄을 이어 보세요.

1 아래 **하**	1 百
2 산(뫼) **산**	2 門(门)
3 문 **문**	3 山
4 일백 **백**	4 千
5 일천 **천**	5 下

UNIT 5

월 일

그림 속 옛 한자를 보고 어떤 뜻인지 생각해 봅시다.

人　口　父　母　兄
弟　男　女　王　子

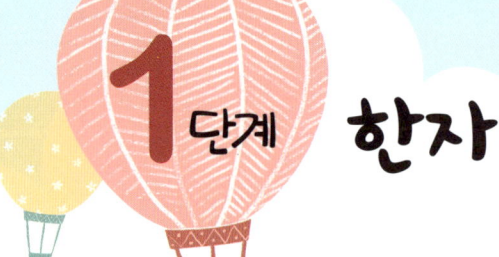

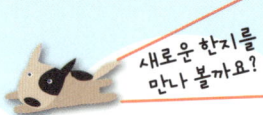

1단계 한자쓰기

새로운 한자를 만나 볼까요?

사람 **인** rén

人 사람 인 총2획

人 人

人		人	人	人	人		

大人 대인 — 대인 입장료는 20000원이다.

입 **구** kǒu

口 입 구 총3획

口 口 口

口		口	口	口	口		

人口 인구 — 인구가 크게 줄었다.

아버지 **부** fù

父 아버지 부 총4획

父 父 父 父

父		父	父	父	父		

父母 부모 父子 부자 — 부모님을 공경하는 것은 인륜이다.

어머니 **모** mǔ

毋 말 무 총5획

母 母 母 母 母

母		母	母	母	母		

母女 모녀 母子 모자 — 모녀가 처음으로 함께 여행을 떠났다.

맏(형) **형** xiōng

儿 걷는 사람 인 총5획

兄 兄 兄 兄 兄

兄		兄	兄	兄	兄		

兄弟 형제 — 형제 간에 사이가 매우 좋다.

| 아우(동생) 제 | dì | 弓 활 궁 총7획 | 弟弟弟弟弟弟弟 |

弟子 제자 자상한 스승님은 제자를 무척 사랑해 주셨다.

| 사내 남 | nán | 田 밭 전 총7획 | 男男男男男男男 |

男子 남자 남자 화장실은 오른쪽에 있습니다.

| 여자 녀 | nǚ | 女 여자 녀 총3획 | 女女女 |

女王 여왕 男女 남녀 선덕 여왕은 신라 최초의 여왕이었다.

| 임금 왕 | wáng | 玉 구슬 옥 총4획 | 王王王王 |

大王 대왕 先王 선왕 낙랑 공주와 호동 왕자가 결혼했다.

| 아들 자 | zǐ | 子 아들 자 총3획 | 子子子 |

王子 왕자 子女 자녀 부모는 자녀를 바르게 키워야 한다.

UNIT 5 41

2단계 낭송하기

배운 한자를 읽어 볼까요?

🪰 한자의 뜻과 음을 소리 내어 읽어 보세요.

子 弟 人 男 女
父 母 王 兄 口 父
子   女 王
人 男

🪰 한자의 뜻과 음을 소리 내어 읽어 보세요.

사람 人   맏(형) 兄   임금 王   아버지 父

사내 男   입 口   아우 弟   아들 子

임금 王   여자 女   어머니 母   아버지 父

아들 子   사람 人

3단계 확인하기

한자의 뜻과 음을 찾아 동그라미 해 보세요.

예							
(나라)	집	대문	國	문	(국)	가

사람	가다	여덟	들어오다	人	인	입	오	팔
눈	입	귀	코	口	구	고	가	라
남편	작다	아버지	형	父	부	모	형	모
여자	아기	형	어머니	母	부	모	체	무
형	누나	동생(아우)	어머니	兄	하	형	구	인
형	동생(아우)	활	남자	弟	제	형	모	부
남자	힘	여자	밭	男	남	여	님	력
어머니	여자	누나	동생	女	남	여	형	제
임금	아들	형	구슬	王	왕	님	옥	토
임금	아들	형	구슬	子	왕	자	옥	토

4단계 기억하기

🪰 한자에 맞는 뜻과 음을 찾아 줄을 이어 보세요.

1 人	•	•	1 사람 인
2 口	•	•	2 맏(형) 형
3 父	•	•	3 입 구
4 母	•	•	4 어미(어머니) 모
5 兄	•	•	5 아비(아버지) 부

🪰 뜻과 음에 알맞은 한자를 찾아 줄을 이어 보세요.

1 아우 제	•	•	1 王
2 사내 남	•	•	2 子
3 여자 녀	•	•	3 男
4 임금 왕	•	•	4 女
5 아들 자	•	•	5 弟

교과서 한자어 참뜻 알기

한자어	독음	뜻
男女	남녀	남자와 여자
南大門	남대문	숭례문의 다른 이름. 서울 도성의 남쪽 정문이라는 뜻
南北	남북	남쪽과 북쪽
男子	남자	남성으로 태어난 사람
大門	대문	큰 문
大小	대소	크고 작음
大王	대왕	훌륭하고 뛰어난 임금을 높여 이르는 말
大人	대인	① 어른 ② 마음이 너그러운 사람 ↔ 소인
東西	동서	동쪽과 서쪽
母女	모녀	어머니와 딸
母子	모자	어머니와 아들
門中	문중	성과 본이 같은 가까운 집안
父女	부녀	아버지와 딸
父母	부모	아버지와 어머니
父子	부자	아버지와 아들
山門	산문	산의 어귀. 절 또는 절의 바깥문
山水	산수	산과 물이라는 뜻으로, 경치를 이르는 말
山中	산중	산 속
上下	상하	위와 아래
小人	소인	① 나이가 어린 사람 ② 키나 몸집이 작은 사람 ③ 마음씨가 좁고 자기 이익만 구하는 버릇이 있는 사람

한자어	독음	뜻
水門	수문	물의 흐름을 막거나 흐르는 양을 조절하기 위하여 설치한 문
水上	수상	물의 위 또는 물길
水中	수중	물 속
女王	여왕	여자 임금
女子	여자	여성으로 태어난 사람
王子	왕자	임금의 아들
人口	인구	일정한 지역에 사는 사람의 수
人中	인중	코와 윗입술 사이에 오목하게 골이 진 곳
日月	일월	① 해와 달 ② 세월
子女	자녀	아들과 딸을 아울러 이르는 말
子弟	자제	남을 높여 그의 아들을 이르는 말
弟子	제자	스승으로부터 가르침을 받거나 받은 사람
中東	중동	서아시아 일대, 아프가니스탄, 이란, 사우디아라비아, 파키스탄 등의 국가를 이르는 말.
土木	토목	흙과 나무
下女	하녀	부엌일이나 허드렛일을 맡아서 하는 여자 하인
下山	하산	산에서 내려오거나 내려감
下水	하수	집이나 공장에서 쓰고 버리는 더러운 물 ↔ 上水(상수)
下人	하인	남의 집에 매여 일을 하는 사람
兄弟	형제	형과 아우
火山	화산	땅속에 있는 마그마가 분출하여 만들어진 산

사자성어(四字成語) 알기

사자성어	독음	뜻
三三五五	삼삼오오	서너 사람 또는 대여섯 사람이 떼를 지어 다니거나 무슨 일을 함. 또는 그런 모양
十中八九	십중팔구	열 가운데 여덟이나 아홉 정도로 거의 대부분이거나 거의 틀림없음
父母兄弟	부모형제	아버지와 어머니, 형과 아우를 아울러 이르는 말
南男北女	남남북녀	우리나라에서, 남자는 남쪽 지방 사람이 잘나고 여자는 북쪽 지방 사람이 곱다는 뜻으로 쓰는 말
東西南北	동서남북	동쪽·서쪽·남쪽·북쪽이라는 뜻으로, 모든 방향을 이르는 말

뜻이 반대되는 한자(反意字 반의자) 알기

간체자(簡体字) 알기

동녘 동

东 = 東   东 = 東   东 = 東   东 = 東

문 문

门 = 門   门 = 門   门 = 門   门 = 門

학교 공부가 두 배로 쉬워지는 한자공부

　한자를 바탕으로 만들어진 말을 한자어라고 해요. 한자어는 삼국 시대에 사람 이름이나 땅 이름 등을 표기하면서 우리말에 들어오기 시작했어요. 이후 일상생활에서 사용하는 말까지 한자어를 사용하게 되었지요. 우리 민족은 한글이 만들어지기 전까지 오랜 세월을 한자를 빌려 사용하였기 때문에 한자어가 우리말의 70%를, 교과서 낱말[학술 용어]의 90% 이상을 차지하고 있어요. 이렇게 우리말에 한자어가 많다 보니 책을 읽거나 선생님의 설명을 들을 때 무슨 뜻인지 잘 알지 못했던 거예요. 그러다보면 학년이 올라갈수록 학교 공부가 점점 어렵게 느껴지고 재미가 없어지겠지요?

　그렇다면 학교 공부가 쉬워지는 방법에는 무엇이 있을까요? 기본적으로 낱말 뜻을 많이 알아야 해요. 특히 한자어는 우리말의 70% 이상을 차지하고 있기 때문에 평소에 한자를 배워두면 글 속에서 낱말의 뜻과 낱말 사이의 관계를 이해하는 데 많은 도움이 된답니다.

낱말 뜻을 많이 알아야 하는구나!

HNK 8급
汉字能力考试

한자 실력을 단단하게!
한자 다지기

UNIT 2 ~ UNIT 5
- 참뜻 익히기
- 놀이로 익히기
- 독음 익히기

사자성어·반의자 익히기

정답

UNIT 2 참뜻 익히기

다음 밑줄 친 뜻에 알맞은 한자를 찾아 줄을 이으세요.

01 사과 <u>세</u> 개 • ① 一

02 <u>두</u> 남녀 • ② 二

03 <u>네</u> 자매 • ③ 三

04 <u>다섯</u> 형제 • ④ 四

05 <u>한</u> 부모 • ⑤ 五

06 달걀 <u>열</u> 개 • ⑥ 六

07 <u>여섯</u> 고개 • ⑦ 七

08 <u>일곱</u> 난장이 • ⑧ 八

09 <u>여덟</u> 아들 • ⑨ 九

10 <u>아홉</u> 번째 • ⑩ 十

놀이로 익히기

🐞 빈칸에 一 二 三 四 五 六까지 알맞은 한자숫자를 쓰세요.

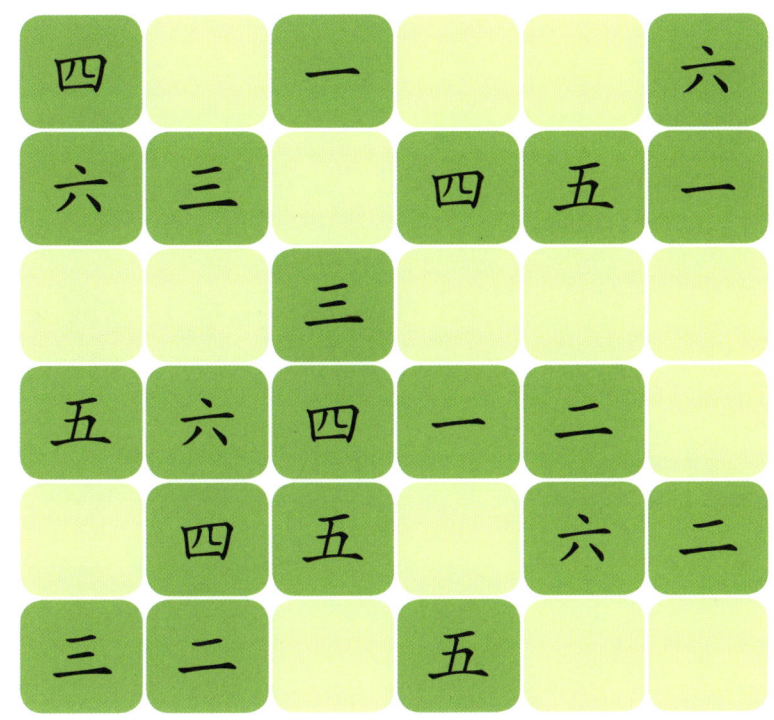

🐞 빈칸에 五 六 七 八 九 十까지 알맞은 한자숫자를 쓰세요.

UNIT 3   참뜻 익히기

다음 밑줄 친 뜻에 알맞은 한자를 찾아 줄을 이으세요.

01 맑은 <u>물</u>　•　　　•　① 日

02 빛나는 <u>해</u>　•　　　•　② 月

03 뜨거운 <u>불</u>　•　　　•　③ 火

04 밝은 <u>달</u>　•　　　•　④ 水

05 <u>나무</u> 상자　•　　　•　⑤ 木

06 <u>작은</u> 집　•　　　•　⑥ 金

07 <u>큰</u> 나무　•　　　•　⑦ 土

08 <u>쇠</u>망치　•　　　•　⑧ 大

09 <u>가운데</u> 자리　•　　　•　⑨ 中

10 보드라운 <u>흙</u>　•　　　•　⑩ 小

놀이로 익히기

 달력을 보고 어떤 일을 언제 해야 하는지 줄을 이으세요.

01 놀이동산 가기 •   • ① 月요일

02 도서관에서 책 읽기 •   • ② 木요일

03 자전거 타기 •   • ③ 水요일

04 피아노 연습하기 •   • ④ 金요일

05 생일잔치 •   • ⑤ 土요일

06 태권도 연습하기 •   • ⑥ 火요일

07 엄마와 시장 가기 •   • ⑦ 日요일

독음 익히기

 다음 문장을 읽고 밑줄 친 부분을 한글로 쓰세요.

> 예시   한자를 공부하면 中國語가 재미있어요.   중국어

01 水上 스키를 타다.

02 土木 공사를 하다.

03 입장료가 小人은 500원입니다.

04 大人은 1,000원입니다.

05 댐의 水門을 열다.

06 성적에 따라 上中下로 나누다.

07 깊은 山中에서 길을 잃다.

08 빗속의 경치를 그린 山水화를 벽에 걸었다.

09 세계의 명소 東大門 디자인플라자에 갔다.

10 이집트는 中東과 북아프리카에 있는 나라이다.

11 南大門의 본래 이름은 숭례문이다.

12 東西南北을 표시하다.

UNIT 4 참뜻 익히기

다음 밑줄 친 뜻에 알맞은 한자를 찾아 줄을 이으세요.

01 <u>윗</u> 마을 • • ① 東

02 <u>남쪽</u> 바다 • • ② 西

03 <u>동쪽</u> 하늘 • • ③ 南

04 <u>서쪽</u> 산 • • ④ 北

05 <u>북쪽</u> 나라 • • ⑤ 上

06 열린 <u>문</u> • • ⑥ 下

07 <u>백</u> 번째 도전 • • ⑦ 山

08 푸른 <u>산</u> • • ⑧ 門

09 <u>천</u> 가지 이야기 • • ⑨ 百

10 책상 <u>아래</u> • • ⑩ 千

놀이로 익히기

 사물의 위치를 나타내는 말에 동그라미 해 보세요.

01 학교는 우리 마을 동쪽 (東, 南) 에 있습니다.

02 소방서는 우리 마을 서쪽 (東, 西) 에 있습니다.

03 도서관은 우리 마을 북쪽 (西, 北) 에 있습니다.

04 공원은 우리 마을 남쪽 (北, 南) 에 있습니다.

05 컴퓨터는 책상 위 (上, 下) 에 있습니다.

06 구슬이 책상 아래 (上, 下) 로 굴러갔습니다.

독음 익히기

 다음 문장을 읽고 밑줄 친 부분을 한글로 써 보세요.

 한자를 공부하면 <u>中國語</u>가 재미있어요.   중국어

01 <u>南北</u>통일.

02 <u>上下</u> 두 권으로 된 책.

03 활짝 <u>大門</u>을 열다.

04 태풍이 <u>北上</u> 중이다.

05 <u>水中</u> 탐사.

06 <u>水門</u>을 열다.

07 주인과 <u>下人</u>.

08 <u>南山</u> 위에 저 소나무.

09 <u>東西</u>로 쭉 뻗은 길.

10 공장 <u>下水</u>.

11 제주 <u>火山</u>섬과 용암동굴.

12 <u>南男北女</u>가 함께한 응원단.

UNIT 5 참뜻 익히기

다음 밑줄 친 뜻에 알맞은 한자를 찾아 줄을 이으세요.

01 자상한 <u>어머니</u> •   • ① 人

02 용기 있는 <u>사람</u>들 •   • ② 口

03 부지런한 <u>형</u> •   • ③ 父

04 호랑이 <u>입</u> •   • ④ 母

05 과묵한 <u>아버지</u> •   • ⑤ 兄

06 <u>남자</u> 간호사 •   • ⑥ 弟

07 현명한 <u>왕</u> •   • ⑦ 男

08 <u>여자</u> 선수 •   • ⑧ 女

09 듬직한 <u>아들</u> •   • ⑨ 王

10 개구쟁이 <u>동생</u> •   • ⑩ 子

놀이로 익히기

 인물에 맞는 호칭을 찾아 줄을 이으세요.

01  형	•	• ① 父
02  아우	•	• ② 母
03  자식	•	• ③ 兄
04  임금	•	• ④ 弟
05  어머니	•	• ⑤ 男
06  아버지	•	• ⑥ 女
07  여자	•	• ⑦ 王
08  남자	•	• ⑧ 子

독음 익히기

다음 문장을 읽고 밑줄 친 부분을 한글로 쓰세요.

> 예시 한자를 공부하면 <u>中國語</u>가 재미있어요.   중국어

01 <u>人口</u>가 줄어들다.

02 쌍둥이 <u>兄弟</u>.

03 스승과 <u>弟子</u>.

04 <u>父母</u>를 공경하다.

05 세종 <u>大王</u>과 한글.

06 <u>子女</u> 교육비.

07 선덕 <u>女王</u> 신종.

08 <u>男子</u> 화장실.

09 친구처럼 다정한 <u>母女</u>.

10 <u>王子</u>와 거지.

11 <u>男女</u>노소를 가리지 않고.

12 <u>父母兄弟</u>를 사랑하다.

사자성어·반의자 익히기

 다음 뜻에 맞는 사자성어를 〈보기〉에서 골라 한글로 쓰세요.

> 보기 ① 三三五五 ② 十中八九 ③ 父母兄弟 ④ 南男北女 ⑤ 東西南北

01 우리나라에서, 남자는 남쪽 지방 사람이 잘나고 여자는 북쪽 지방 사람이 곱다는 뜻으로 쓰는 말.

02 아버지와 어머니, 형과 아우를 아울러 이르는 말.

03 열 가운데 여덟이나 아홉 정도로 거의 대부분이거나 거의 틀림없음.

04 서너 사람 또는 대여섯 사람이 떼를 지어 다니거나 무슨 일을 함. 또는 그런 모양.

05 동쪽·서쪽·남쪽·북쪽이라는 뜻으로, 모든 방향을 이르는 말.

 다음 한자와 뜻이 반대·상대되는 한자를 찾아 줄을 이으세요.

01 父 아버지 부 •	• ① 北 북녘 북	06 兄 맏 형 •	• ⑥ 女 여자(딸) 녀
02 東 동녘 동 •	• ② 小 작을 소	07 子 아들 자 •	• ⑦ 月 달 월
03 南 남녘 남 •	• ③ 母 어머니 모	08 日 날 일 •	• ⑧ 水 물 수
04 大 큰 대 •	• ④ 女 여자 녀	09 火 불 화 •	• ⑨ 弟 아우 제
05 男 사내 남 •	• ⑤ 西 서녘 서	10 上 위 상 •	• ⑩ 下 아래 하

한자 다지기 정답

UNIT 2　　　　　　　　　　　　50쪽

참뜻 익히기

01 ③ 三　　02 ② 二　　03 ④ 四　　04 ⑤ 五
05 ① 一　　06 ⑩ 十　　07 ⑥ 六　　08 ⑦ 七
09 ⑧ 八　　10 ⑨ 九

놀이로 익히기

UNIT 3　　　　　　　　　　　　52쪽

참뜻 익히기

01 ④ 水　　02 ① 日　　03 ③ 火　　04 ② 月
05 ⑤ 木　　06 ⑩ 小　　07 ⑧ 大　　08 ⑥ 金
09 ⑨ 中　　10 ⑦ 土

놀이로 익히기

01 ⑤ 土　　02 ① 月　　03 ② 木　　04 ③ 水
05 ④ 金　　06 ⑥ 火　　07 ⑦ 日

독음 익히기

01 수상　　02 토목　　03 소인　　04 대인
05 수문　　06 상중하　　07 산중　　08 산수
09 동대문　10 중동　　11 남대문　12 동서남북

UNIT 4　　　　　　　　　　　　55쪽

참뜻 익히기

01 ⑤ 上　　02 ③ 南　　03 ① 東　　04 ② 西
05 ④ 北　　06 ⑧ 門　　07 ⑨ 百　　08 ⑦ 山
09 ⑩ 千　　10 ⑥ 下

놀이로 익히기

01 東　　02 西　　03 北　　04 南

05 上　　06 下

독음 익히기

01 남북　　02 상하　　03 대문　　04 북상
05 수중　　06 수문　　07 하인　　08 남산
09 동서　　10 하수　　11 화산　　12 남남북녀

UNIT 5　　　　　　　　　　　　58쪽

참뜻 익히기

01 ④ 母　　02 ① 人　　03 ⑤ 兄　　04 ② 口
05 ③ 父　　06 ⑦ 男　　07 ⑨ 王　　08 ⑧ 女
09 ⑩ 子　　10 ⑥ 弟

놀이로 익히기

01 ③ 兄　　02 ④ 弟　　03 ⑧ 子　　04 ⑦ 王
05 ② 母　　06 ① 父　　07 ⑥ 女　　08 ⑤ 男

독음 익히기

01 인구　　02 형제　　03 제자　　04 부모
05 대왕　　06 자녀　　07 여왕　　08 남자
09 모녀　　10 왕자　　11 남녀　　12 부모형제

사자성어·반의자 익히기　　　　　61쪽

사자성어 익히기

01 ④ 남남북녀(南男北女)　02 ③ 부모형제(父母兄弟)
03 ② 십중팔구(十中八九)　04 ① 삼삼오오(三三五五)
05 ⑤ 동서남북(東西南北)

반의자 익히기

01 ③ 母 어머니 모　　02 ⑤ 西 서녘 서
03 ① 北 북녘 북　　　04 ② 小 작을 소
05 ④ 女 여자 녀　　　06 ⑨ 弟 아우 제
07 ⑥ 女 딸·여자 녀　 08 ⑦ 月 달 월
09 ⑧ 水 물 수　　　　10 ⑩ 下 아래 하

중국에서 가장 많은 성씨(姓)와 별난 성씨(姓)

최근 통계에 따르면 우리나라 성씨는 286개가 있다고 합니다. 인구가 많은 중국은 어떨까? 중국의 성씨는 현재 4,100여 개라고 하는데, 역사상으로 2만 개의 성씨가 있었다고 합니다. '한양에서 김서방 찾기'라는 말에서 보듯 우리나라에서 가장 많은 성씨는 김(金)씨입니다. 중국에서는 평범한 사람을 나타내는 성어(成語) '장삼이사(张三李四)'에서처럼 장씨와 이씨가 가장 많다고 합니다. 만약 우리나라 한자성어라면 '김삼이사(金三李四)'라고 했겠지요. 가장 많은 이(李)씨, 장(张)씨 그리고 왕(王)씨가 각각 1억 명에 이른다고 합니다. 한 개의 성씨 인구가 남북한 합친 인구보다 더 많은 셈이지요. 이씨, 장씨, 왕씨 이외 2천만 명 이상의 인구를 가진 성씨는 유(刘), 진(陈), 양(杨), 황(黄), 조(赵), 오(吴), 주(周)씨라고 합니다.

성씨가 많다 보니 성으로 쓸 만한 한자는 한정이 되어 있어 별난 성씨도 보입니다. 언론에 보도된 '중국 5대 이상한 성씨(中国五大怪姓)'라는 기사가 있었는데, 어떻게 이런 성(姓)을 썼을까 싶을 정도의 성씨입니다.

중국 5대 이상한 성씨
难[Nàn, 어려울 난], 死[Sǐ, 죽을 사], 黑[Hēi, 검을 흑], 老[Lǎo, 늙을 로], 毒[Dú, 독 독]
(※难: '어렵다'의 의미로 쓰일 때에는 [nán]으로 성조가 다릅니다.)

손으로 숫자를 표현해 봅시다.

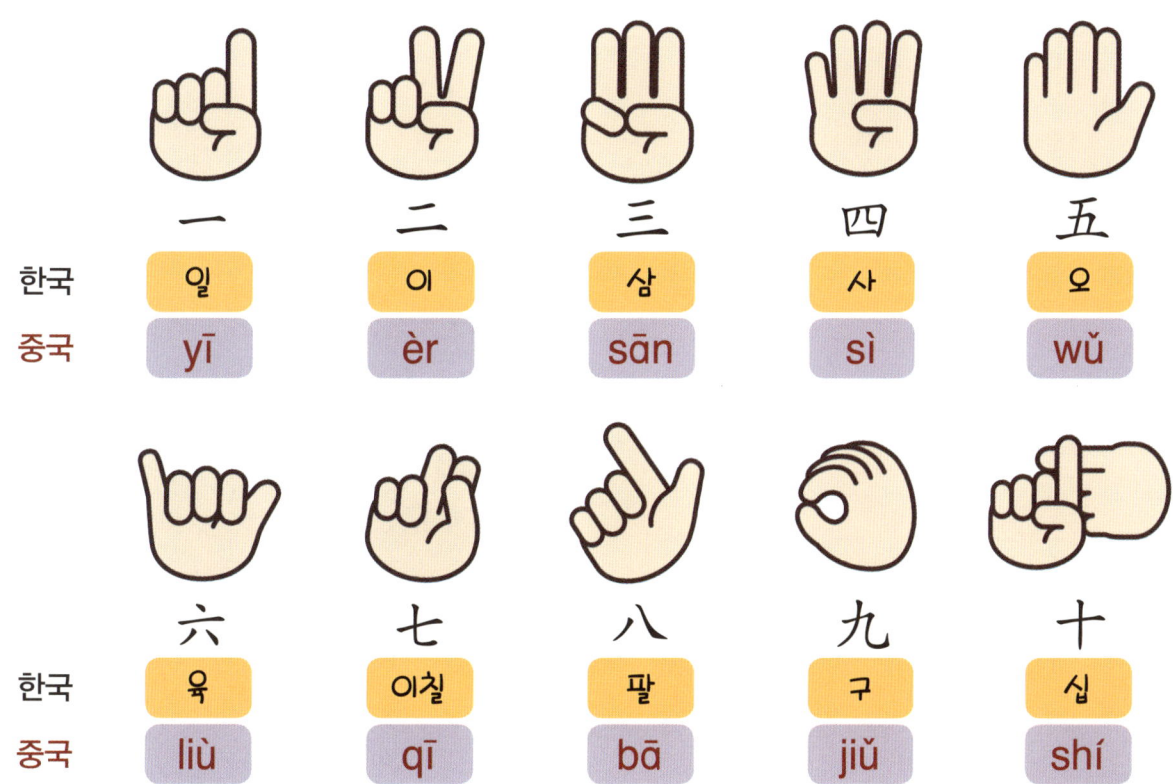

HNK 8급
汉字能力考试

국제공인 한자자격증도 거뜬하게!

예상문제

1회~10회

정답

8급 배정한자 모아보기

1회 예상문제 8급

월   일

선택형 [1~32]

[1~5] 다음 한자에 해당하는 뜻과 음을 〈보기〉에서 골라 그 번호를 쓰세요.

보기 ① 일백 백   ② 동녘 동   ③ 일곱 칠
      ④ 넷(넉) 사   ⑤ 불 화

01 東
02 四
03 百
04 火
05 七

[6~10] 다음 그림과 관계있는 한자를 찾아 선으로 이으세요.

① 二
② 丨
③ 人
④ 丶
⑤ 亠

[11~15] 다음 뜻과 음에 해당하는 한자를 〈보기〉에서 골라 그 번호를 쓰세요.

보기 ① 九   ② 中   ③ 弟
      ④ 金   ⑤ 千

11 가운데 중
12 쇠 금
13 아홉 구
14 일천 천
15 아우 제

[16~17] 다음 한자와 뜻이 반대되는 한자를 〈보기〉에서 골라 그 번호를 쓰세요.

보기 ① 父   ② 男   ③ 兄   ④ 大

16 女
17 母

[18~22] 다음 밑줄 친 낱말의 뜻을 가진 한자를 〈보기〉에서 골라 그 번호를 쓰세요.

보기 ① 王   ② 兄   ③ 南
      ④ 五   ⑤ 一

18 탁자 위에 장미 <u>다섯</u> 송이가 놓여 있습니다.

19 나라의 임금을 <u>왕</u>이라고 합니다.

20 우리 <u>형</u>은 학생회장입니다.

21 한 해의 계획은 <u>1</u>월에 세웁니다.

22 북측 선수단들이 <u>남</u>쪽을 바라보며 손을 흔들었습니다.

[23~27] 다음 밑줄 친 한자어를 바르게 읽은 것을 〈보기〉에서 골라 그 번호를 쓰세요.

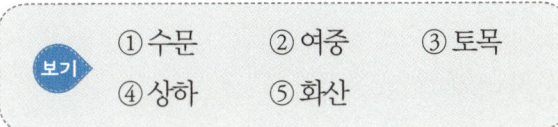

보기 ①수문 ②여중 ③토목 ④상하 ⑤화산

23 <u>火山</u>이 폭발하여 많은 인명 피해가 생겼습니다.

24 물의 양을 조절하는 문을 <u>水門</u>이라고 합니다.

25 그 책은 <u>上下</u> 두 권으로 되어 있습니다.

26 우리 전통 가옥은 <u>土木</u>으로만 지어졌습니다.

27 그녀는 <u>女中</u>에서 중국어를 가르칩니다.

[28~32] 다음 밑줄 친 낱말을 한자로 바르게 쓴 것을 〈보기〉에서 골라 그 번호를 쓰세요.

보기 ①人口 ②水中 ③日月 ④母女 ⑤小人

28 엄마와 딸을 <u>모녀</u>라고 합니다.

29 우리의 앞날이 <u>일월</u>처럼 밝기를 기도했습니다.

30 <u>수중</u>에는 많은 생물들이 있습니다.

31 <u>소인</u>은 대인 입장료의 반값입니다.

32 우리나라 <u>인구</u>는 약 오천만 명입니다.

단답형 [33~40]

[33~35] 다음 한자의 뜻과 음을 쓰세요.

예시 一 ➡ 한 일

33 子

34 王

35 八

[36~40] 다음 한자어의 독음을 쓰세요.

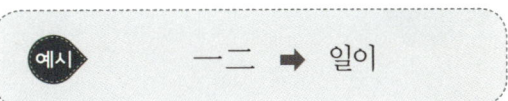

예시 一二 ➡ 일이

36 南北

37 九日

38 四月

39 七千

40 大門

선생님 확인   부모님 확인

예상문제 1회

2회 예상문제 8급

선택형 [1~32]

[1~5] 다음 한자에 해당하는 뜻과 음을 〈보기〉에서 골라 그 번호를 쓰세요.

보기: ① 여섯 륙 ② 나무 목 ③ 임금 왕 ④ 작을 소 ⑤ 셋(석) 삼

01 三
02 六
03 小
04 木
05 王

[6~10] 다음 그림과 관계있는 한자를 찾아 선으로 이으세요.

06  · · ① 月
07  · · ② 宀
08  · · ③ 丿
09  · · ④ 口
10  · · ⑤ 儿

[11~15] 다음 뜻과 음에 해당하는 한자를 〈보기〉에서 골라 그 번호를 쓰세요.

보기: ① 五 ② 金 ③ 人 ④ 父 ⑤ 七

11 사람 인
12 다섯 오
13 아버지 부
14 일곱 칠
15 쇠 금

[16~17] 다음 한자와 뜻이 반대되는 한자를 〈보기〉에서 골라 그 번호를 쓰세요.

보기: ① 北 ② 弟 ③ 東 ④ 西

16 兄
17 南

[18~22] 다음 밑줄 친 낱말의 뜻을 가진 한자를 〈보기〉에서 골라 그 번호를 쓰세요.

보기: ① 山 ② 千 ③ 南 ④ 日 ⑤ 土

18 오늘은 우리 가족에게 특별한 날입니다.

19 노란 개나리꽃이 온 산에 가득합니다.

20 수천 명의 사람들이 불꽃 축제에 모였습니다.

21 학교 정문에서 남쪽을 바라보면 바다가 보입니다.

22 옷에 묻은 흙을 털어내었습니다.

[23~27] 다음 밑줄 친 한자어를 바르게 읽은 것을 〈보기〉에서 골라 그 번호를 쓰세요.

  ① 대구 ② 중동 ③ 화목
       ④ 부모 ⑤ 시월

23 그의 父母는 중국 북경에 계십니다.

24 中東에서 출발한 유조선이 도착했습니다.

25 남해 바다 근처에는 大口가 많이 잡힌다.

26 十月은 수확의 달입니다.

27 중국어 수업은 火木에 있습니다.

[28~32] 다음 밑줄 친 낱말을 한자로 바르게 쓴 것을 〈보기〉에서 골라 그 번호를 쓰세요.

  ① 三百 ② 北西 ③ 男子
       ④ 火口 ⑤ 門中

28 우리 문중은 예의를 아주 중시한다.

29 운동장에는 삼백 명 가까이 되는 군인이 모여 있습니다.

30 화구에서는 뜨거운 불길이 타올랐습니다.

31 우리나라는 겨울에 북서풍의 영향으로 춥고 건조합니다.

32 대한민국 남자는 의무적으로 군대를 갑니다.

단답형 [33~40]

[33~35] 다음 한자의 뜻과 음을 쓰세요.

33 百

34 西

35 九

[36~40] 다음 한자어의 독음을 쓰세요.

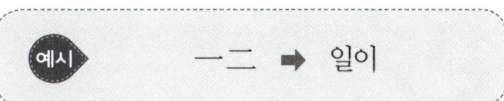

36 大小

37 子弟

38 山水

39 人口

40 上下

3회 예상문제 8급

선택형 [1~32]

[1~5] 다음 한자에 해당하는 뜻과 음을 〈보기〉에서 골라 그 번호를 쓰세요.

〈보기〉 ① 쇠 금 ② 여섯 륙 ③ 위 상
       ④ 형 형 ⑤ 서녘 서

01 六
02 兄
03 西
04 上
05 金

[6~10] 다음 그림과 관계있는 한자를 찾아 선으로 이으세요.

 06 •　　　　• ① 日

 07 •　　　　• ② 土

 08 •　　　　• ③ 十

 09 •　　　　• ④ 丁

 10 •　　　　• ⑤ 木

[11~15] 다음 뜻과 음에 해당하는 한자를 〈보기〉에서 골라 그 번호를 쓰세요.

〈보기〉 ① 水 ② 百 ③ 二
       ④ 東 ⑤ 下

11 두 이
12 물 수
13 일백 백
14 아래 하
15 동녘 동

[16~17] 다음 한자와 뜻이 반대되는 한자를 〈보기〉에서 골라 그 번호를 쓰세요.

〈보기〉 ① 大 ② 父 ③ 男 ④ 月

16 女
17 小

[18~22] 다음 밑줄 친 낱말의 뜻을 가진 한자를 〈보기〉에서 골라 그 번호를 쓰세요.

〈보기〉 ① 父 ② 火 ③ 山
       ④ 中 ⑤ 弟

18 일요일에 부모님과 <u>산</u>에 갔습니다.
19 우리는 그를 <u>가운데</u> 두고 빙 둘러앉았습니다.
20 <u>아버지</u>가 좋아하시는 음식을 해드렸습니다.

21 아버지의 아우는 우리 아버지를 형이라고 부릅니다.

22 건조한 겨울철에는 불조심을 해야 합니다.

30 우리 형제는 우애가 좋습니다.

31 우리 부녀는 꼭 닮았습니다.

32 우리 가족은 팔월에 북경으로 여행을 갑니다.

[23~27] 다음 밑줄 친 한자어를 바르게 읽은 것을 〈보기〉에서 골라 그 번호를 쓰세요.

  ① 남북 ② 여왕 ③ 대문 ④ 제자 ⑤ 오월

23 영국 女王은 특별한 의식이 있을 때 왕관을 씁니다.

24 스승의 가르침을 따르는 것이 弟子의 도리입니다.

25 강은 南北으로 길게 뻗어 있었습니다.

26 大門을 활짝 열어 손님을 맞이했습니다.

27 五月에는 즐거운 일이 많이 있습니다.

단답형 [33~40]

[33~35] 다음 한자의 뜻과 음을 쓰세요.

예시   一 ➡ 한 일

33 男

34 北

35 弟

[36~40] 다음 한자어의 독음을 쓰세요.

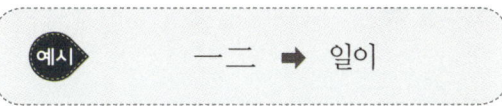

예시   一二 ➡ 일이

36 南門

37 中東

38 火山

39 大人

40 九日

[28~32] 다음 밑줄 친 낱말을 한자로 바르게 쓴 것을 〈보기〉에서 골라 그 번호를 쓰세요.

  ① 山中 ② 八月 ③ 三男 ④ 父女 ⑤ 兄弟

28 삼촌은 삼남 일녀 중 막내입니다.

29 산중에서 바라보는 노을이 아름다웠습니다.

4회 예상문제 8급

선택형 [1~32]

[1~5] 다음 한자에 해당하는 뜻과 음을 〈보기〉에서 골라 그 번호를 쓰세요.

보기
① 서녘 서 ② 두 이 ③ 아래 하
④ 아홉 구 ⑤ 산 산

01 九
02 西
03 二
04 下
05 山

[6~10] 다음 그림과 관계있는 한자를 찾아 선으로 이으세요.

06  •　　　　• ① 水

07  •　　　　• ② 一

08  •　　　　• ③ 火

09  •　　　　• ④ 門

10  •　　　　• ⑤ 金

[11~15] 다음 뜻과 음에 해당하는 한자를 〈보기〉에서 골라 그 번호를 쓰세요.

보기
① 父 ② 七 ③ 弟
④ 百 ⑤ 上

11 위 상
12 일백 백
13 아버지 부
14 일곱 칠
15 아우 제

[16~17] 다음 한자와 뜻이 반대되는 한자를 〈보기〉에서 골라 그 번호를 쓰세요.

보기 ① 南 ② 中 ③ 西 ④ 上

16 東
17 下

[18~22] 다음 밑줄 친 낱말의 뜻을 가진 한자를 〈보기〉에서 골라 그 번호를 쓰세요.

보기
① 小 ② 三 ③ 女
④ 十 ⑤ 五

18 한 달 동안 열 권의 책을 읽었습니다.

19 우산을 쓴 여자가 내 앞을 지나갔습니다.

20 고구려, 백제, 신라 세 나라를 삼국이라고 합니다.

21 <u>작은</u> 고추가 맵다는 속담이 있습니다.

22 <u>다섯</u> 시에 약속한 친구가 아직 오지 않았습니다.

[23~27] 다음 밑줄 친 한자어를 바르게 읽은 것을 〈보기〉에서 골라 그 번호를 쓰세요.

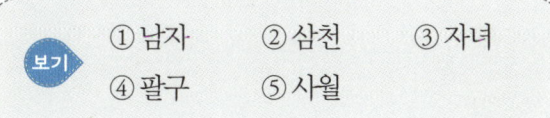

23 부모님은 <u>子女</u>들을 사랑으로 가르칩니다.

24 그 아이는 어리지만 <u>男子</u>다웠습니다.

25 열 가운데 여덟이나 아홉을 십중<u>八九</u>라고 합니다.

26 <u>四月</u>에는 봄꽃들이 예쁘게 핍니다.

27 과자 <u>三千</u> 원어치를 사서 나누어 먹었습니다.

[28~32] 다음 밑줄 친 낱말을 한자로 바르게 쓴 것을 〈보기〉에서 골라 그 번호를 쓰세요.

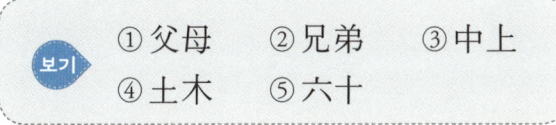

28 몇 해 전부터 <u>토목</u> 공사가 활발해졌습니다.

29 그들은 <u>부모</u>처럼 우리를 맞아주었습니다.

30 그는 <u>육십</u> 명의 학생을 이끌고 체험학습을 다녀왔습니다.

31 철수는 학급에서의 성적이 <u>중상</u> 정도 됩니다.

32 삼촌은 다섯 명의 <u>형제</u> 중 셋째입니다.

단답형 [33~40]

[33~35] 다음 한자의 뜻과 음을 쓰세요.

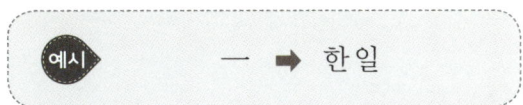

33 南

34 土

35 門

[36~40] 다음 한자어의 독음을 쓰세요.

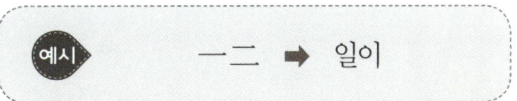

36 大王

37 八十

38 月日

39 人口

40 千金

5회 예상문제 8급

선택형 [1~32]

[1~5] 다음 한자에 해당하는 뜻과 음을 〈보기〉에서 골라 그 번호를 쓰세요.

> 보기 ① 일백 백 ② 동녘 동 ③ 일곱 칠
> ④ 일천 천 ⑤ 불 화

01 千
02 東
03 百
04 七
05 火

[6~10] 다음 그림과 관계있는 한자를 찾아 선으로 이으세요.

• ① 小
• ② 女
• ③ 儿
• ④ 丿
• ⑤ 子

[11~15] 다음 뜻과 음에 해당하는 한자를 〈보기〉에서 골라 그 번호를 쓰세요.

> 보기 ① 月 ② 中 ③ 弟
> ④ 八 ⑤ 九

11 가운데 중
12 여덟 팔
13 아홉 구
14 달 월
15 아우 제

[16~17] 다음 한자와 뜻이 반대되는 한자를 〈보기〉에서 골라 그 번호를 쓰세요.

> 보기 ① 母 ② 南 ③ 大 ④ 小

16 北
17 父

[18~22] 다음 밑줄 친 낱말의 뜻을 가진 한자를 〈보기〉에서 골라 그 번호를 쓰세요.

> 보기 ① 土 ② 母 ③ 火
> ④ 金 ⑤ 上

18 그는 <u>어머니</u>를 극진히 모시는 효자입니다.

19 지렁이는 축축한 <u>흙</u> 속에 삽니다.

20 비행기가 구름 <u>위</u>를 날아갑니다.

21 물이 쇠를 녹슬게 하는 것처럼 게으름은 마음을 녹슬게 합니다.

22 그는 너무 추워 근처 가게에 들어가 불을 쬐었습니다.

[23~27] 다음 밑줄 친 한자어를 바르게 읽은 것을 〈보기〉에서 골라 그 번호를 쓰세요.

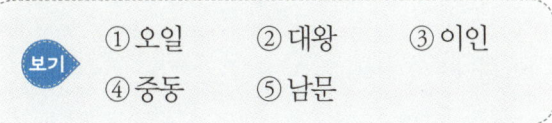
보기: ① 오일 ② 대왕 ③ 이인 ④ 중동 ⑤ 남문

23 한글을 창제한 세종 大王의 업적은 오랫동안 빛날 것입니다.

24 자동차는 南門을 지나 목적지를 향해 달려갔습니다.

25 우리 집 근처 모란 시장에는 五日장이 열립니다.

26 中東 지역에는 석유가 많이 납니다.

27 두 사람이 함께 쓰는 방을 二人일실이라고 합니다.

[28~32] 다음 밑줄 친 낱말을 한자로 바르게 쓴 것을 〈보기〉에서 골라 그 번호를 쓰세요.

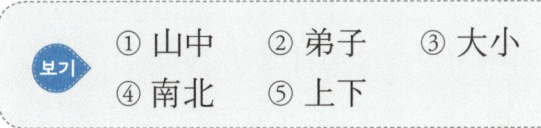
보기: ① 山中 ② 弟子 ③ 大小 ④ 南北 ⑤ 上下

28 그들은 스승과 제자 사이입니다.

29 크기가 비슷해서 대소를 가릴 수가 없습니다.

30 깊은 산중에 사람이 살고 있어 신기했습니다.

31 우리나라는 남북으로 길게 생겼습니다.

32 놀이기구가 상하로 움직이자 사람들은 소리를 지르며 스릴을 즐겼습니다.

단답형 [33~40]

[33~35] 다음 한자의 뜻과 음을 쓰세요.

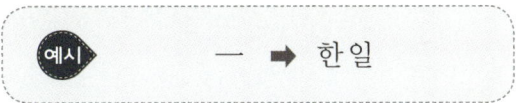
예시: 一 ➡ 한 일

33 金

34 兄

35 人

[36~40] 다음 한자어의 독음을 쓰세요.

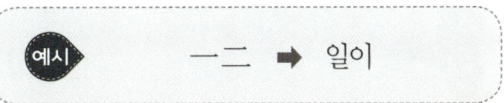
예시: 一二 ➡ 일이

36 東西

37 日月

38 千百

39 男子

40 山水

6회 예상문제 8급

선택형 [1~32]

[1~5] 다음 한자에 해당하는 뜻과 음을 〈보기〉에서 골라 그 번호를 쓰세요.

보기 ① 여섯 륙   ② 아홉 구   ③ 흙 토
      ④ 나무 목   ⑤ 사람 인

01 土
02 木
03 六
04 人
05 九

[6~10] 다음 그림과 관계있는 한자를 찾아 선으로 이으세요.

   • ① 大

   • ② 山

   • ③ 人

   • ④ 水

   • ⑤ 丶

[11~15] 다음 뜻과 음에 해당하는 한자를 〈보기〉에서 골라 그 번호를 쓰세요.

보기 ① 東   ② 子   ③ 金
      ④ 山   ⑤ 千

11 일천 천
12 동녘 동
13 산 산
14 아들 자
15 쇠 금

[16~17] 다음 한자와 뜻이 반대되는 한자를 〈보기〉에서 골라 그 번호를 쓰세요.

보기 ① 弟 ② 東 ③ 大 ④ 母

16 西
17 兄

[18~22] 다음 밑줄 친 낱말의 뜻을 가진 한자를 〈보기〉에서 골라 그 번호를 쓰세요.

보기 ① 男   ② 父   ③ 水
      ④ 人   ⑤ 日

18 <u>아버지</u>는 우리 집의 가장입니다.

19 여행을 떠나기 위해 <u>사람</u>들이 모여들기 시작했습니다.

20 내일은 아파트 내에 장이 서는 <u>날</u>입니다.

21 중년의 <u>사내</u>가 다가와 말을 걸었습니다.

22 빠지지 않고 매일 화초에 <u>물</u>을 주었습니다.

[23~27] 다음 밑줄 친 한자어를 바르게 읽은 것을 〈보기〉에서 골라 그 번호를 쓰세요.

> 보기 ① 토목   ② 소인   ③ 대왕
>   ④ 남북   ⑤ 남녀

23 성덕 <u>大王</u> 신종은 에밀레종이라 불립니다.

24 <u>土木</u> 공사를 할 때에는 반드시 안전 수칙을 지켜야 합니다.

25 아시안 게임에서 <u>南北</u>이 하나 되어 축제를 즐겼습니다.

26 그 영화의 <u>男女</u> 주인공은 행복해 보였습니다.

27 어젯밤 꿈에 <u>小人</u>들이 사는 나라를 탐험했습니다.

[28~32] 다음 밑줄 친 낱말을 한자로 바르게 쓴 것을 〈보기〉에서 골라 그 번호를 쓰세요.

> 보기 ① 水中   ② 千金   ③ 三日
>   ④ 山門   ⑤ 東西

28 나는 한자를 일주일에 <u>삼일</u> 배우고 있습니다.

29 이 카메라는 <u>수중</u>과 수상 촬영 모두 가능합니다.

30 한강은 <u>동서</u>로 길게 흐릅니다.

31 <u>산문</u>에 기대어 경치를 바라보았습니다.

32 <u>천금</u>이 있다 해도 살 수 없는 것들이 있습니다.

단답형 [33~40]

[33~35] 다음 한자의 뜻과 음을 쓰세요.

> 예시   一 ➡ 한 일

33 十

34 火

35 九

[36~40] 다음 한자어의 독음을 쓰세요.

> 예시   一二 ➡ 일이

36 百中

37 大小

38 上下

39 土日

40 三四

7회 예상문제 8급

선택형 [1~32]

[1~5] 다음 한자에 해당하는 뜻과 음을 〈보기〉에서 골라 그 번호를 쓰세요.

보기 ① 일백 백   ② 여자 녀   ③ 아래 하
      ④ 큰 대   ⑤ 다섯 오

01 大
02 女
03 百
04 下
05 五

[6~10] 다음 그림과 관계있는 한자를 찾아 선으로 이으세요.

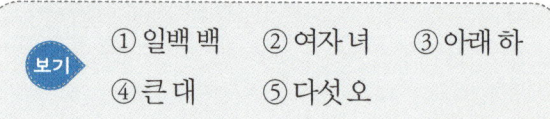

06 · · ① 一
07 · · ② 丿
08 · · ③ 土
09 · · ④ 月
10 · · ⑤ 八

[11~15] 다음 뜻과 음에 해당하는 한자를 〈보기〉에서 골라 그 번호를 쓰세요.

보기 ① 山   ② 門   ③ 火
      ④ 六   ⑤ 十

11 여섯 육
12 산 산
13 열 십
14 문 문
15 불 화

[16~17] 다음 한자와 뜻이 반대되는 한자를 〈보기〉에서 골라 그 번호를 쓰세요.

보기 ① 月   ② 弟   ③ 日   ④ 西

16 東
17 兄

[18~22] 다음 밑줄 친 낱말의 뜻을 가진 한자를 〈보기〉에서 골라 그 번호를 쓰세요.

보기 ① 中   ② 金   ③ 小
      ④ 二   ⑤ 九

18 녹이 슬지 않는 <u>쇠</u>도 있습니다.

19 나 빼고 <u>둘</u>만 아이스크림을 먹었습니다.

20 길 <u>가운데</u> 차가 서 있다.

21 내 방에는 작은 화분이 하나 있습니다.

22 사람들이 너무 많아 아홉 명씩 조를 짜서 다니기로 했습니다.

[23~27] 다음 밑줄 친 한자어를 바르게 읽은 것을 〈보기〉에서 골라 그 번호를 쓰세요.

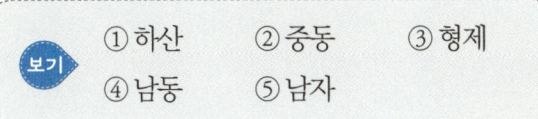
보기 ① 하산 ② 중동 ③ 형제
     ④ 남동 ⑤ 남자

23 내 친구는 쌍둥이 兄弟입니다.

24 우리나라는 여름에 南東풍의 영향으로 덥고 습합니다.

25 씨름은 男子들이 주로 하는 우리 고유의 민속 놀이 입니다.

26 中東지방은 우리나라에 비해서 무척 덥습니다.

27 날이 저물자 그들은 下山을 서둘렀습니다.

[28~32] 다음 밑줄 친 낱말을 한자로 바르게 쓴 것을 〈보기〉에서 골라 그 번호를 쓰세요.

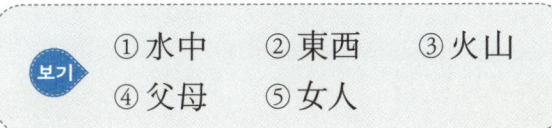
보기 ① 水中 ② 東西 ③ 火山
     ④ 父母 ⑤ 女人

28 소녀는 자라서 여인이 되었습니다.

29 수중에는 많은 생물들이 있습니다.

30 고속도로가 동서로 시원하게 뚫려 있습니다.

31 우리 부모님은 자주 할아버지 댁에 가십니다.

32 땅 속의 마그마가 나와 이루어진 산을 화산이라고 합니다.

단답형 [33~40]

[33~35] 다음 한자의 뜻과 음을 쓰세요.

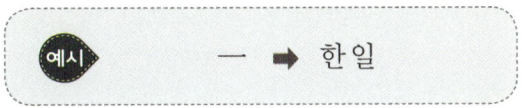
예시 一 ➡ 한 일

33 西

34 四

35 土

[36~40] 다음 한자어의 독음을 쓰세요.

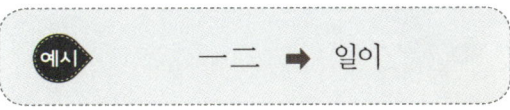
예시 一二 ➡ 일이

36 南山

37 上水

38 千金

39 王子

40 父女

선생님 확인   부모님 확인

예상문제 7회

8회 예상문제 8급

월 일

선택형 [1~32]

[1~5] 다음 한자에 해당하는 뜻과 음을 〈보기〉에서 골라 그 번호를 쓰세요.

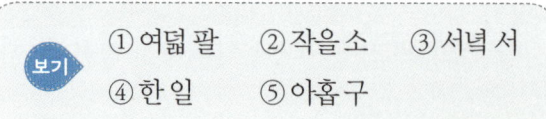
보기: ①여덟 팔 ②작을 소 ③서녘 서 ④한 일 ⑤아홉 구

01 西
02 八
03 小
04 九
05 一

[6~10] 다음 그림과 관계있는 한자를 찾아 선으로 이으세요.

06  • ① 日

07  • ② 女

08  • ③ 口

09  • ④ 儿

10  • ⑤ 一

[11~15] 다음 뜻과 음에 해당하는 한자를 〈보기〉에서 골라 그 번호를 쓰세요.

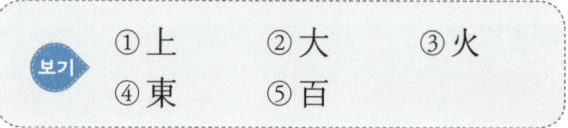
보기: ①上 ②大 ③火 ④東 ⑤百

11 동녘 동
12 위 상
13 일백 백
14 불 화
15 큰 대

[16~17] 다음 한자와 뜻이 반대되는 한자를 〈보기〉에서 골라 그 번호를 쓰세요.

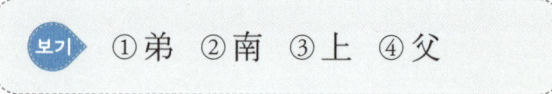
보기: ①弟 ②南 ③上 ④父

16 北
17 下

[18~22] 다음 밑줄 친 낱말의 뜻을 가진 한자를 〈보기〉에서 골라 그 번호를 쓰세요.

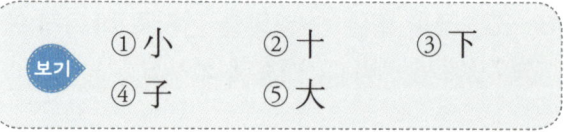
보기: ①小 ②十 ③下 ④子 ⑤大

18 산 <u>아래</u> 조그만 마을에 살고 있습니다.

19 아기는 입을 <u>크게</u> 벌리고 하품을 했습니다.

20 삼촌은 키가 <u>작아</u> 키높이 구두를 신습니다.

21 책이 너무 재밌어 열 권을 금방 읽었습니다.

22 아버지가 아들에게 대대로 전해주었습니다.

[23~27] 다음 밑줄 친 한자어를 바르게 읽은 것을 〈보기〉에서 골라 그 번호를 쓰세요.

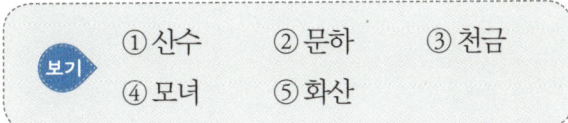

보기 ① 산수   ② 문하   ③ 천금
      ④ 모녀   ⑤ 화산

23 그의 門下들 중 뛰어난 인재들이 많습니다.

24 우리나라는 山水가 아름답습니다.

25 일본은 火山 폭발 가능성이 높습니다.

26 엄마와 나, 우리 母女 사이에는 비밀이 없습니다.

27 작은 약속이라도 千金같이 여겨야 합니다.

[28~32] 다음 밑줄 친 낱말을 한자로 바르게 쓴 것을 〈보기〉에서 골라 그 번호를 쓰세요.

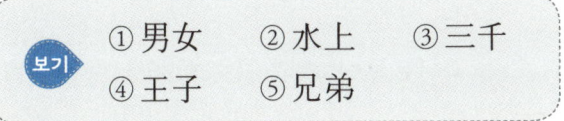

보기 ① 男女   ② 水上   ③ 三千
      ④ 王子   ⑤ 兄弟

28 야구 경기장에 삼천 명의 관중이 모였습니다.

29 여름에는 수상 스포츠를 즐기는 인구가 많습니다.

30 두 남녀의 슬픈 사랑이 관객을 울렸습니다.

31 우리 이모는 아들을 왕자님이라고 부릅니다.

32 우리 형제는 모두 다섯 명입니다.

단답형 [33~40]

[33~35] 다음 한자의 뜻과 음을 쓰세요.

예시   一 ➡ 한 일

33 七

34 母

35 木

[36~40] 다음 한자어의 독음을 쓰세요.

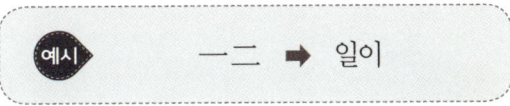

예시   一二 ➡ 일이

36 父子

37 大人

38 五十

39 女中

40 中門

 선생님 확인

 부모님 확인

9회 예상문제 8급

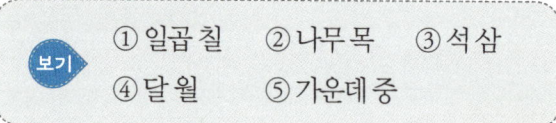

선택형 [1~32]

[1~5] 다음 한자에 해당하는 뜻과 음을 〈보기〉에서 골라 그 번호를 쓰세요.

보기
① 일곱 칠 ② 나무 목 ③ 석 삼
④ 달 월   ⑤ 가운데 중

01 中
02 七
03 三
04 木
05 月

[6~10] 다음 그림과 관계있는 한자를 찾아 선으로 이으세요.

06  • • ① 山
07  • • ② 川
08  • • ③ 火
09  • • ④ 川
10 • • ⑤ 子

[11~15] 다음 뜻과 음에 해당하는 한자를 〈보기〉에서 골라 그 번호를 쓰세요.

보기
① 大 ② 百 ③ 土
④ 西 ⑤ 男

11 일백 백
12 큰 대
13 흙 토
14 사내 남
15 서녘 서

[16~17] 다음 한자와 뜻이 반대되는 한자를 〈보기〉에서 골라 그 번호를 쓰세요.

보기 ① 上 ② 兄 ③ 小 ④ 父

16 大
17 下

[18~22] 다음 밑줄 친 낱말의 뜻을 가진 한자를 〈보기〉에서 골라 그 번호를 쓰세요.

보기
① 九 ② 八 ③ 二
④ 日 ⑤ 父

18 그는 <u>이틀</u> 동안 아무 것도 먹지 못했습니다.

19 맛있는 피자를 <u>여덟</u> 조각으로 나누었습니다.

20 부모님은 <u>날</u>마다 그녀를 생각합니다.

21 고향에 홀로 계신 <u>아버지</u>가 그립습니다.

22 학교까지는 <u>아홉</u> 정거장을 지나야 도착할 수 있습니다.

[23~27] 다음 밑줄 친 한자어를 바르게 읽은 것을 〈보기〉에서 골라 그 번호를 쓰세요.

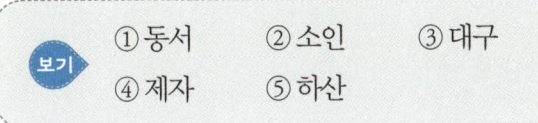
보기: ① 동서 ② 소인 ③ 대구 ④ 제자 ⑤ 하산

23 13세 이하 <u>小人</u>은 입장료가 반값입니다.

24 <u>大口</u>를 직접 봤더니 조금 징그러웠습니다.

25 쓰레기를 모두 싸가지고 <u>下山</u>했습니다.

26 <u>弟子</u>들은 스승의 날에 맞추어 찾아왔습니다.

27 그는 <u>東西</u>로 바삐 움직였다.

[28~32] 다음 밑줄 친 낱말을 한자로 바르게 쓴 것을 〈보기〉에서 골라 그 번호를 쓰세요.

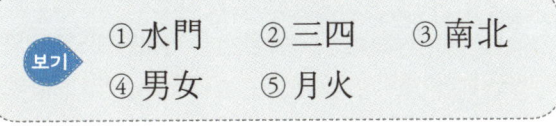
보기: ① 水門 ② 三四 ③ 南北 ④ 男女 ⑤ 月火

28 <u>남북</u> 관계가 더욱 악화되고 있습니다.

29 댐에 <u>수문</u>을 열고 물을 흘려보냈습니다.

30 주문한 택배가 <u>삼사</u>일 내로 도착한다고 합니다.

31 <u>남녀</u> 사이에는 다른 점이 많습니다.

32 매주 <u>월화</u> 두 번 치과 치료를 받아야 합니다.

단답형 [33~40]

[33~35] 다음 한자의 뜻과 음을 쓰세요.

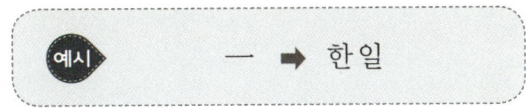
예시: 一 ➡ 한 일

33 母

34 六

35 金

[36~40] 다음 한자어의 독음을 쓰세요.

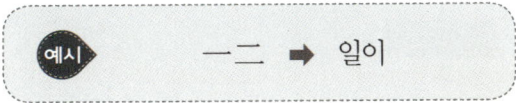
예시: 一二 ➡ 일이

36 五十

37 王子

38 土木

39 千百

40 兄弟

10회 예상문제 8급

선택형 [1~32]

[1~5] 다음 한자에 해당하는 뜻과 음을 〈보기〉에서 골라 그 번호를 쓰세요.

보기 ①여덟 팔 ②일백 백 ③불 화
　　 ④넷(넉) 사 ⑤아래 하

01 火
02 四
03 下
04 八
05 百

[6~10] 다음 그림과 관계있는 한자를 찾아 선으로 이으세요.

06  ・ 　　・ ① 木

07  ・ 　　・ ② 門

08  ・ 　　・ ③ ｜

09  ・ 　　・ ④ 口

10  ・ 　　・ ⑤ 十

[11~15] 다음 뜻과 음에 해당하는 한자를 〈보기〉에서 골라 그 번호를 쓰세요.

보기 ①五 ②千 ③月
　　 ④男 ⑤山

11 달 월
12 산(뫼) 산
13 일천 천
14 사내 남
15 다섯 오

[16~17] 다음 한자와 뜻이 반대되는 한자를 〈보기〉에서 골라 그 번호를 쓰세요.

보기 ①西 ②父 ③北 ④男

16 東
17 女

[18~22] 다음 밑줄 친 낱말의 뜻을 가진 한자를 〈보기〉에서 골라 그 번호를 쓰세요.

보기 ①六 ②三 ③金
　　 ④月 ⑤兄

18 한국 선수들이 체조경기에서 <u>금</u>메달을 땄습니다.

19 보름<u>달</u>이 우리를 보고 웃는 것 같았습니다.

20 자원봉사활동에 <u>여섯</u> 명이 참여했습니다.

21 그는 형을 따라 미국으로 떠났습니다.

22 우리 셋은 숙제를 하기 위해 만났습니다.

[23~27] 다음 밑줄 친 한자어를 바르게 읽은 것을 <보기>에서 골라 그 번호를 쓰세요.

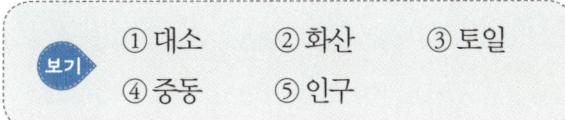

보기 ① 대소 ② 화산 ③ 토일
      ④ 중동 ⑤ 인구

23 농업 人口가 갈수록 줄어들고 있습니다.

24 이번 土日에 중요한 시합이 있습니다.

25 이번 달은 大小사가 여러 번 있습니다.

26 中東의 날씨는 엄청 덥습니다.

27 우리나라도 옛날에 火山이 폭발했었습니다.

[28~32] 다음 밑줄 친 낱말을 한자로 바르게 쓴 것을 <보기>에서 골라 그 번호를 쓰세요.

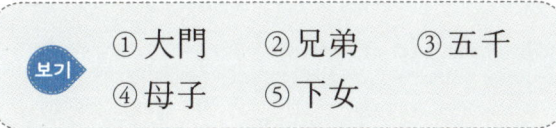

보기 ① 大門 ② 兄弟 ③ 五千
      ④ 母子 ⑤ 下女

28 그와는 피를 나눈 형제보다 더 친합니다.

29 두 모자는 오랫동안 만나지 못했습니다.

30 우리 집 대문에 번호 키를 달았습니다.

31 할아버지는 오천만원을 장학금으로 기부하였습니다.

32 공주는 하녀에게 심부름을 시켰습니다.

단답형 [33~40]

[33~35] 다음 한자의 뜻과 음을 쓰세요.

예시 一 ➡ 한 일

33 金

34 七

35 二

[36~40] 다음 한자어의 독음을 쓰세요.

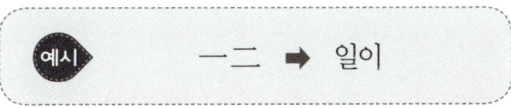

예시 一二 ➡ 일이

36 上水

37 一百

38 九千

39 父王

40 南北

예상문제 정답

1회 66쪽

01 ②   02 ④   03 ①   04 ⑤
05 ③   06 ②   07 ⑤   08 ③
09 ①   10 ④   11 ②   12 ④
13 ①   14 ⑤   15 ③   16 ②
17 ①   18 ④   19 ①   20 ②
21 ⑤   22 ③   23 ⑤   24 ①
25 ④   26 ③   27 ②   28 ④
29 ③   30 ②   31 ⑤   32 ①
33 아들 자   34 임금 왕   35 여덟 팔   36 남북
37 구일   38 사월   39 칠천   40 대문

2회 68쪽

01 ⑤   02 ①   03 ④   04 ②
05 ③   06 ④   07 ③   08 ⑤
09 ①   10 ②   11 ③   12 ①
13 ④   14 ⑤   15 ②   16 ②
17 ①   18 ④   19 ①   20 ②
21 ③   22 ⑤   23 ④   24 ②
25 ①   26 ⑤   27 ③   28 ⑤
29 ①   30 ④   31 ②   32 ③
33 일백 백   34 서녘 서   35 아홉 구   36 대소
37 자제   38 산수   39 인구   40 상하

3회 70쪽

01 ②   02 ④   03 ⑤   04 ③
05 ①   06 ②   07 ④   08 ⑤
09 ③   10 ①   11 ③   12 ①
13 ②   14 ⑤   15 ④   16 ③
17 ①   18 ③   19 ④   20 ①
21 ⑤   22 ②   23 ②   24 ④
25 ①   26 ③   27 ⑤   28 ②
29 ①   30 ⑤   31 ④   32 ②
33 사내 남   34 북녘 북   35 아우 제   36 남문
37 중동   38 화산   39 대인   40 구일

4회 72쪽

01 ④   02 ①   03 ②   04 ③
05 ⑤   06 ③   07 ⑤   08 ④
09 ①   10 ②   11 ⑤   12 ④
13 ①   14 ②   15 ③   16 ③
17 ④   18 ④   19 ③   20 ②
21 ①   22 ⑤   23 ②   24 ①
25 ④   26 ⑤   27 ②   28 ④
29 ①   30 ⑤   31 ③   32 ②
33 남녘 남   34 흙 토   35 문 문   36 대왕
37 팔십   38 월일   39 인구   40 천금

5회 74쪽

01 ④   02 ②   03 ①   04 ③
05 ⑤   06 ③   07 ④   08 ②
09 ⑤   10 ①   11 ②   12 ④
13 ⑤   14 ①   15 ③   16 ②
17 ①   18 ②   19 ③   20 ⑤
21 ④   22 ③   23 ②   24 ⑤
25 ①   26 ④   27 ③   28 ②
29 ③   30 ①   31 ④   32 ⑤
33 쇠 금   34 형 형   35 사람 인   36 동서
37 일월   38 천백   39 남자   40 산수

6회　76쪽

01 ③	02 ④	03 ①	04 ⑤
05 ②	06 ⑤	07 ③	08 ①
09 ④	10 ②	11 ⑤	12 ①
13 ④	14 ②	15 ③	16 ②
17 ①	18 ②	19 ④	20 ⑤
21 ①	22 ③	23 ③	24 ①
25 ④	26 ⑤	27 ②	28 ③
29 ①	30 ⑤	31 ④	32 ②
33 열 십	34 불 화	35 아홉 구	36 백중
37 대소	38 상하	39 토일	40 삼사

7회　78쪽

01 ④	02 ②	03 ①	04 ③
05 ⑤	06 ③	07 ①	08 ⑤
09 ②	10 ④	11 ④	12 ①
13 ⑤	14 ②	15 ③	16 ④
17 ②	18 ②	19 ④	20 ①
21 ③	22 ⑤	23 ③	24 ④
25 ⑤	26 ②	27 ①	28 ⑤
29 ①	30 ②	31 ④	32 ③
33 서녘 서	34 넉 사	35 흙 토	36 남산
37 상수	38 천금	39 왕자	40 부녀

8회　80쪽

01 ③	02 ①	03 ②	04 ⑤
05 ④	06 ⑤	07 ④	08 ⑤
09 ②	10 ①	11 ④	12 ①
13 ⑤	14 ③	15 ②	16 ②
17 ③	18 ③	19 ⑤	20 ①
21 ②	22 ④	23 ②	24 ①
25 ⑤	26 ④	27 ③	28 ③
29 ②	30 ①	31 ④	32 ⑤
33 일곱 칠	34 어미 모	35 나무 목	36 부자
37 대인	38 오십	39 여중	40 중문

9회　82쪽

01 ⑤	02 ①	03 ③	04 ②
05 ④	06 ②	07 ⑤	08 ④
09 ①	10 ③	11 ②	12 ①
13 ③	14 ⑤	15 ④	16 ③
17 ①	18 ③	19 ②	20 ④
21 ⑤	22 ①	23 ②	24 ③
25 ⑤	26 ④	27 ①	28 ③
29 ①	30 ②	31 ④	32 ⑤
33 어머니 모	34 여섯 륙	35 쇠 금	36 오십
37 왕자	38 토목	39 천백	40 형제

10회　84쪽

01 ③	02 ④	03 ⑤	04 ①
05 ②	06 ⑤	07 ③	08 ④
09 ②	10 ①	11 ③	12 ⑤
13 ②	14 ④	15 ①	16 ①
17 ④	18 ②	19 ④	20 ①
21 ⑤	22 ②	23 ②	24 ③
25 ①	26 ④	27 ②	28 ②
29 ④	30 ①	31 ②	32 ⑤
33 쇠 금	34 일곱 칠	35 두 이	36 상수
37 일백	38 구천	39 부왕	40 남북

8급 배정한자 모아보기(50字)

※ 한어병음은 중국어 발음 표기법입니다.
※ 대표훈음보다 자세한 것은 자전을 참고합니다.
※ ( )는 한자의 뜻을 이해하는 데 목적을 둔 표현입니다.

한자	훈음	한어병음
ㄱ		
口	입 구	kǒu
九	아홉 구	jiǔ
金	쇠 금, 성 김	jīn
ㄴ		
南	남녘(남쪽) 남	nán
男	사내 남	nán
女	여자 녀	nǚ
ㄷ		
大	큰 대	dà
東 东	동녘(동쪽) 동	dōng
ㄹ		
六	여섯 륙	liù
ㅁ		
母	어미(어머니) 모	mǔ
木	나무 목	mù
門 门	문 문	mén
ㅂ		
百	일백(100) 백	bǎi
父	아비(아버지) 부	fù
北	북녘(북쪽) 북	běi
ㅅ		
四	넉(넷) 사	sì
山	산(뫼, 메) 산	shān
三	석(셋) 삼	sān
上	위 상	shàng
西	서녘(서쪽) 서	xī
小	작을 소	xiǎo
水	물 수	shuǐ
十	열 십	shí
ㅇ		
五	다섯 오	wǔ
王	임금 왕	wáng
月	달 월	yuè
二	두(둘) 이	èr
人	사람 인	rén
一	한(하나) 일	yī
日	날, 해 일	rì

한자	훈음	한어병음
ㅈ		
子	아들 자	zǐ
弟	아우(동생) 제	dì
中	가운데 중	zhōng
ㅊ		
千	일천(1,000) 천	qiān
七	일곱 칠	qī
ㅌ		
土	흙 토	tǔ
ㅍ		
八	여덟 팔	bā
ㅎ		
下	아래 하	xià
兄	맏(형) 형	xiōng
火	불 화	huǒ

기본 획도 익혀요.	
※ 한자에서 기본 획으로 쓰이는 글자를 선정하였습니다.	
、	점 주
ㅣ	뚫을 곤
乙 乚	새, 굽을 을
㇐	삐침 별
㇏	파임 불
亅	갈고리 궐
亠	머리 부분 두
儿	걷는 사람 인
凵	입 벌릴 감
冖	덮을(덮다) 멱

간체자(2字)	
东 東	동녘(동쪽) 동
门 門	문 문

낱말의 뜻

1. 획(劃) ① 한 번 그은 줄이나 점. ② 한 번 그은 줄이나 점을 세는 단위.
2. 녁 ① 쪽(방향을 가리키는 말) ② 어떤 때의 무렵.

HNK 한자능력시험 8급 답안지

응시급수	1급	2급	3급	3Ⅱ급	4급	4Ⅱ급	5급	5Ⅱ급	6급	7급	8급
	○	○	○	○	○	○	○	○	○	○	●

성 명

유의사항

1. 모든 표기 및 답안 작성은 지워지지 않는 검정색 필기구를 사용해야 합니다.
2. 바르지 못한 표기를 하였거나 불필요한 표기를 하였을 경우 불이익을 받을 수 있습니다.
3. 표기가 잘못되었을 경우는 수정테이프로 깨끗이 지운 후 다시 칠하거나 쓰십시오.
4. 수험번호를 바르게 쓰고 해당 'ㅇ' 안에 표기합니다.
5. 응시급수, 수험번호 및 선택형 답안의 'ㅇ' 안의 표기는 컴퓨터용 펜을 사용하여 〈보기〉와 같이 칠해야 합니다.

〈보기〉 ● O ◑ X ✓ X ◐ X

수 험 번 호													
0	0	0	A	0	0	0	0	0	0	0	0	0	0
1	1	1	B	1	1	1	1	1	1	1	1	1	1
2	2	2		2	2	2	2	2	2	2	2	2	2
3	3	3		3	3	3	3	3	3	3	3	3	3
4	4	4		4	4	4	4	4	4	4	4	4	4
5	5	5		5	5	5	5	5	5	5	5	5	5
6	6	6		6	6	6	6	6	6	6	6	6	6
7	7	7		7	7	7	7	7	7	7	7	7	7
8	8	8		8	8	8	8	8	8	8	8	8	8
9	9	9		9	9	9	9	9	9	9	9	9	9

감독위원 확인란
(※수험생은 표기하지 말 것)

결시자 표기	결시자의 수험번호를 쓰고 아래에 표기
	○
감독위원 서명	성명, 수험번호 표기가 정확한지 확인 후 서명 또는 날인

채 점 위 원	
초심	재심

득 점 문 항 수

선택형 (1~32)

번호						번호					
1	①	②	③	④	⑤	17	①	②	③	④	⑤
2	①	②	③	④	⑤	18	①	②	③	④	⑤
3	①	②	③	④	⑤	19	①	②	③	④	⑤
4	①	②	③	④	⑤	20	①	②	③	④	⑤
5	①	②	③	④	⑤	21	①	②	③	④	⑤
6	①	②	③	④	⑤	22	①	②	③	④	⑤
7	①	②	③	④	⑤	23	①	②	③	④	⑤
8	①	②	③	④	⑤	24	①	②	③	④	⑤
9	①	②	③	④	⑤	25	①	②	③	④	⑤
10	①	②	③	④	⑤	26	①	②	③	④	⑤
11	①	②	③	④	⑤	27	①	②	③	④	⑤
12	①	②	③	④	⑤	28	①	②	③	④	⑤
13	①	②	③	④	⑤	29	①	②	③	④	⑤
14	①	②	③	④	⑤	30	①	②	③	④	⑤
15	①	②	③	④	⑤	31	①	②	③	④	⑤
16	①	②	③	④	⑤	32	①	②	③	④	⑤

▸ 33번부터는 뒷면에 답안을 작성합니다.

중국교육부 中外语言交流合作中心
국제공인 한자자격증 관리기관 사단법인 한중문자교류협회

단답형 (33~40)

33	34	35	36
○	○	○	○
37	38	39	40
○	○	○	○

HNK 한자능력시험 8급 답안지

단답형 (33~40)

33	34	35	36
○	○	○	○
37	38	39	40
○	○	○	○

HNK 한자능력시험 8급 답안지

응시급수	1급	2급	3급	3Ⅱ급	4급	4Ⅱ급	5급	5Ⅱ급	6급	7급	8급
	○	○	○	○	○	○	○	○	○	○	●

성 명

유의사항

1. 모든 표기 및 답안 작성은 지워지지 않는 검정색 필기구를 사용해야 합니다.
2. 바르지 못한 표기를 하였거나 불필요한 표기를 하였을 경우 불이익을 받을 수 있습니다.
3. 표기가 잘못되었을 경우는 수정테이프로 깨끗이 지운 후 다시 칠하거나 쓰십시오.
4. 수험번호를 바르게 쓰고 해당 'ㅇ' 안에 표기합니다.
5. 응시급수, 수험번호 및 선택형 답안의 'ㅇ' 안의 표기는 컴퓨터용 펜을 사용하여 〈보기〉와 같이 칠해야 합니다.

〈보기〉 ● O ◑ X ♡ X ◐ X

수 험 번 호

0	0	0	A	0	0	0	0	0	0	0	0	0	0
1	1	1	B	1	1	1	1	1	1	1	1	1	1
2	2	2		2	2	2	2	2	2	2	2	2	2
3	3	3		3	3	3	3	3	3	3	3	3	3
4	4	4		4	4	4	4	4	4	4	4	4	4
5	5	5		5	5	5	5	5	5	5	5	5	5
6	6	6		6	6	6	6	6	6	6	6	6	6
7	7	7		7	7	7	7	7	7	7	7	7	7
8	8	8		8	8	8	8	8	8	8	8	8	8
9	9	9		9	9	9	9	9	9	9	9	9	9

감독위원 확인란
(※수험생은 표기하지 말 것)

결시자 표기	결시자의 수험번호를 쓰고 아래에 표기	○
감독위원 서명	성명, 수험번호 표기가 정확한지 확인 후 서명 또는 날인	

채 점 위 원	
초심	재심

득 점 문 항 수

선택형 (1~32)

1	①	②	③	④	⑤	17	①	②	③	④	⑤
2	①	②	③	④	⑤	18	①	②	③	④	⑤
3	①	②	③	④	⑤	19	①	②	③	④	⑤
4	①	②	③	④	⑤	20	①	②	③	④	⑤
5	①	②	③	④	⑤	21	①	②	③	④	⑤
6	①	②	③	④	⑤	22	①	②	③	④	⑤
7	①	②	③	④	⑤	23	①	②	③	④	⑤
8	①	②	③	④	⑤	24	①	②	③	④	⑤
9	①	②	③	④	⑤	25	①	②	③	④	⑤
10	①	②	③	④	⑤	26	①	②	③	④	⑤
11	①	②	③	④	⑤	27	①	②	③	④	⑤
12	①	②	③	④	⑤	28	①	②	③	④	⑤
13	①	②	③	④	⑤	29	①	②	③	④	⑤
14	①	②	③	④	⑤	30	①	②	③	④	⑤
15	①	②	③	④	⑤	31	①	②	③	④	⑤
16	①	②	③	④	⑤	32	①	②	③	④	⑤

▸ 33번부터는 뒷면에 답안을 작성합니다.

중국교육부 中外语言交流合作中心
국제공인 한자자격증 관리기관 사단법인 한중문자교류협회

단답형 (33~40)

33	34	35	36

37	38	39	40

HNK 한자능력시험 8급 답안지

답란 (33~40)

33	34	35	36
○	○	○	○
37	38	39	40
○	○	○	○